세상에서 제일 쉬운
주가 차트 실전 노트
데이 트레이딩 편

SEKAIICHI WAKARIYASUI ! KABUKA CHART JISSEN CHO DAY TRADE HEN
by Fumiaki Sagara

Illustrated by Yuki Kitamura
Copyright © Fumiaki Sagara 2009
All rights reserved.
Original Japanese edition published by ASA Publishing Co., Ltd.
Korean translation copyright © 2025 by Dodreamedia.co.kr
This Koean edition published by arrangement with ASA Publishing Co., Ltd., Tokyo, through Korea
Copyright Center Inc.(KCC)

세상에서 제일 쉬운

주가 차트 실전 노트

데이 트레이딩 편

사가라 후미아키 지음
김진수 옮김

두드림미디어

안녕하세요.

사가라 후미아키라고 합니다.

저는 투자자인 동시에 '사람과 기업에 투자한다'를 모토로 학원 강사로도 일하고 있습니다. '학원 강사' 하면, '안정적이지 못하다', '저녁 시간 이후에 근무해야 한다', '임금이 적다' 등 근무조건이 안 좋은 직업이라고 생각하는 경우가 많습니다.

하지만 저는 이 일이 무척 마음에 듭니다. 천직이라고 생각합니다. 물론 좋아하니까 직업으로 삼았지만, 무엇보다 학생들이 성장하는 모습을 가까이에서 지켜볼 수 있다는 것에 큰 '보람'을 느낍니다. 경제적인 걱정 없이 자신이 좋아하는 일에 몰두할 수 있는 것은 제가 생각해도 매우 사치스러운 일인 것 같습니다.

이렇게 충실한 시간을 보낼 수 있는 것은 바로 주식 투자 덕분입니다. 대학을 졸업한 후, 저는 트레이더의 길로 들어섰습니다. 주식 시장에서 저의 여정은 그야말로 행운이 가득했습니다. 졸업 당시 66만 엔이었던 투자 자산은 6개월 후 200만 엔으로, 다음 해에는 2,000만 엔으로, 그 다음 해에는 3억 엔으로 증가했습니다. 저 자신도 놀랄 만큼 순조로운 성공이었습니다. 제가 좋아하는 학원 강사 일을 계속할 수 있는 것도 전부 이러한 성과 덕분입니다. 그런 만큼 정말로 주식과의 만남을 무척 감사하게 생각하고 있습니다.

이 책에서는 이처럼 풍요로운 삶을 선사해주는 주식 투자의 실전적인 노하우를 여러분께도 최대한 알기 쉽게 소개하고자 합니다. 전작인 《2년 7개월 만에 66만 엔을 3억 엔으로 만들다! 목표는 연이율 1,000%! 주식 단기 매매법》은 며칠 간격으로 거래하는 스윙 트레이딩이 중심이었지만, 이번에는 하루 안에 매매를 결제하는 데이 트레이딩을 중심으로 내용을 정리해보았습니다. 저는 단기 매매로 쓸 만한 이익을 얻기 위해서는 차트를 읽는 능력과 뉴스 자료를 판별하는 능력, 이 두 가지가 중요하다고 생각합니다.

'뉴스 재료에서 기회를 찾아내고 차트 분석으로 확실하게 이익을 확보해나가는 것'.

이것이 제가 느끼는 승리의 방정식입니다.
그래서 이 책에서는 두 가지 능력을 균형 있게 익힐 수 있도록 36개의 차트 연습 문제를 준비했습니다. 보다 실감 나게 문제를 풀 수 있도

록 모든 문제에 뉴스 재료와 그날까지의 차트를 실었습니다. 모두 종합
적인 판단이 요구되는 문제들이므로 실전적인 시장 감각을 익힐 수 있
을 것입니다.

자산이 3억 엔으로 늘어난 이유는 무엇인가?

이번에 제 책을 처음 접하시는 분들은 아마 저에 대해 전혀 모르시겠
지요. 그래서 다시 한번 저의 투자 프로필에 대해 조금 말씀드리고자 합
니다.

2002년 봄, 대학교 4학년에 당시 목표로 삼았던 변리사 시험공부
를 시작하면서 주식 거래도 함께 시작했습니다. 아르바이트로 모은 돈
40만 엔으로 운용을 시작했지만, 이때는 데이 트레이딩은커녕 주식에
대해 아는 것이 거의 없었습니다. 회사 홈페이지만 보고 '이거 좋아 보
인다!'라며 차트도 보지 않고 매수했고, 결과적으로 투자 자금을 절반
가까이 잃었습니다. 손실을 본 금액을 새로운 입금으로 메꾸는 '입금 투
자'를 했기 때문이죠. 지금 생각해보면 너무 어리석어서 어이가 없습니
다(아련).

2003년에 접어들어 겨우 장기 투자는 안 되겠다는 사실을 깨닫고 스윙 트레이딩을 시작했습니다. 몇 번의 성공적인 거래 덕분에 간신히 그때까지의 손실을 만회하는 데 성공했습니다. 2003년 봄은 부실 채권 문제로 대형 은행들의 파산 우려가 컸고, 버블 붕괴 이후 최저치(당시)를 기록하던 시기였습니다. 이때 은행주들이 믿을 수 없을 만큼 싼값에 팔리는 것을 목격한 경험은 이후 제 투자 인생에서 매우 큰 행운이었습니다. 2003년 5월, 대학을 무사히 졸업한 후 본격적으로 트레이딩을 시작했습니다. 자금 66만 엔을 새로 개설한 코스모 증권 계좌로 옮기고, 낮 시간을 활용해 데이 트레이딩과 스윙 트레이딩 등 단기 매매를 시작했습니다.

그 후 앞서 말씀드렸듯이 연말까지 200만 엔 이상, 2004년에는 2,000만 엔 이상으로 자산을 늘려 **연간 수익률 1,000%**를 달성했습니다. 2005년에 전작 집필 제안을 받았지만, 책을 쓰려면 3억 엔 정도는 벌어야 한다는 생각에 연말까지 2,000만 엔을 3억 엔으로 늘렸습니다. 그리고 2006년에 무사히 전작 《2년 7개월 만에 66만 엔을 3억 엔으로 만들다! 목표는 연이율 1,000%! 주식 단기 매매법》이 출간되었습니다.

닛케이지수 1만 엔 붕괴에도 굴하지 않고 흑자를 내다

그 이후의 일도 말씀드리겠습니다. 말하지 않아도 아시겠지만, 2007년 서브프라임 모기지 사태로 인한 세계적 주가 하락과 2008년 리먼 쇼크로 인한 금융 패닉 등, 시장은 연이어 악재에 시달렸습니다.

저는 2007년 세계 동시 주가 하락으로 단기 매매에서 처음으로 손실을 기록했습니다. 너무 짧은 시간에 3억 엔을 손에 넣으면서 자만심이 생겼던 모양입니다. 반면 2008년에는 약간의 수익을 냈습니다. 100년에 한 번 있을까 말까 한 주가 변동으로 많은 투자자들이 시장에서 퇴출당한 것을 생각하면 제법 선방했다고 생각합니다.

그러나 요 2년 동안 장기 투자와 투자 신탁 쪽은 막대한 피해를 입었습니다. 2006년 전작 집필 당시 분산 투자를 실천하고자 장기 투자와 투자 신탁으로 자산을 옮겼는데, 이것이 실수였습니다. 2006년과 2007년에 매수한 종목들은 대부분 매입가의 절반 이하로 폭락했습니다. 장기 투자는 어떤 상황에서도 계속 주식을 가지고 있어야 한다는 원칙을 생각해보면, 저에게는 이익과 손실을 즉시 확정하지 않는 투자 방식은 맞지 않았던 것 같습니다. 자신의 강점에 전력을 집중했어야 했던 것입니다.

여러분의 더 현명한 투자 라이프를 위해

이처럼 저는 장기 투자는 형편없지만(현시점에서는), 단기 투자 분야에서만큼은 저의 노하우를 자신 있게 공유할 수 있을 만큼 성공적인 성과를 거두었습니다. 지금까지(2009년 기준)는 큰 플러스를 기록하고 있으니 안심하셔도 좋습니다. 집필 작업에 시간을 빼앗겨 종목 연구에 할애할 시간은 줄었지만, 전체 수익률은 여전히 양호합니다.

이 책에서 소개하는 저의 노하우를 이해하고 실천한다면, 여러분의 주식 투자에도 분명 도움이 될 것입니다. 이 책이 여러분의 투자와 데이트레이딩 라이프를 보다 풍요롭게 만들기를 바랍니다.

자, 그럼 시작해볼까요!

목차

PART 01
먼저 데이 트레이딩의 기본을 확인하자

PART 02

차트와 호가창의 기본을 이해하자

PART 03
차트와 뉴스 재료를 파악하는 분석 노하우

PART 04
데이 트레이딩을 마스터하기 위한 차트 실전 트레이닝

PART 05
시장에서 지지 않는 강한 마음을 기르자

부록
데이 트레이딩을 마스터하기 위한 차트 실전 트레이닝

PART 01

**먼저
데이 트레이딩의
기본을 확인하자**

증권회사 선택 방법과 정보 전술, 즉 데이 트레이딩으로 수익을 올리기 위해서는 시장 외적인 요소도 중요합니다. PART 01에서는 데이 트레이더가 알아둬야 할 기본 지식을 확인해보겠습니다.

데이 트레이딩의 매력은
아주 많다!

매일 새로운 기분으로 도전할 수 있다

주식 투자는 주식을 보유하는 기간에 따라 크게 몇 가지로 나눌 수 있습니다. 펀더멘탈 분석을 이용한 장기 투자, 일봉 차트를 중심으로 기술적 분석을 하는 스윙 트레이딩, 그리고 데이 트레이딩과 스캘핑 같은 방법도 존재합니다.

투자 방식은 보유 기간에 따라 다양합니다. 장기 투자는 수년간 주식을 보유하며, 스윙 트레이딩은 대개 며칠에서 일주일 정도입니다. 스캘핑은 1분 미만의 초단타 매매를 반복하는 방식입니다.

이 책에서 소개할 데이 트레이딩은 하루 안에 매수와 매도 거래를 모두 마무리하는 방법입니다. 하루하루가 데이 트레이딩의 기본 단위이며, 거래가 종료되는 15시(오사카 증권거래소는 15시 10분)에는 주식을 보유하지 않는 것이 원칙입니다. 따라서 데이 트레이딩은 매일 그날의 거래를 되돌아보고 새로운 마음으로 다음 날을 시작할 수 있습니다. 스윙 트레이딩보다 장기적인 투자 활동을 하려면 세계 시장 동향을 신경 쓸 필요는 있지만, 포지션(보유량)을 갖고 있지 않기 때문에 밤사이 미국 시장의 주가 변동을 걱정하지 않아도 됩니다.

미실현 이익을 끌어안고 꿈에 부풀 일도 없는 대신 손절하기 힘든 미실현 손실 때문에 마음을 졸이며 하루를 보낼 필요도 없습니다. 즉, 쉬고 싶을 때 자유롭게 휴식을 취할 수 있습니다.

직장인도 할 수 있는 데이 트레이딩

'직장인은 데이 트레이딩을 할 수 없다'라고 생각하는 분들도 있을지 모릅니다. 하지만 절대 그렇지 않습니다. PART 03에 수록된 일봉 차트와 재료 분석 노하우만 잘 익히면, **직장인도 충분히 가능합니다**. 전날 밤 종목 차트와 재료를 조사하고, 아침에 일어나서 미국 시장 동향과 신문을 체크합니다. 출근 전에 주문을 넣어두고, 점심시간인 12시부터 13시 사이에 주가와 주문 상황을 확인한 후, 오전에 매수한 주식을 매도하거나 오후장 시작에 맞춰 새로운 주식을 매도하면 됩니다.

13시까지 매수한 주식의 반대 매매 주문을 지정가로 걸어두고, 장 마감 시 강제 청산되도록 '체결완성 주문'[1]이라는 조건부 주문을 설정해 놓으면 그것이 바로 훌륭한 데이 트레이딩입니다. 호가창(PART 02 참조)을 실시간으로 확인할 수 없어 데이 트레이딩에 불리하지 않을까 불안해하는 분도 있을지 모릅니다. 물론 빠른 매매는 어렵지만, 오히려 순간적인 가격 변동이나 허수 주문에 휘둘리지 않고 냉정한 판단이 가능하

---

1) 체결완성 주문 : 원문의 용어는 불성주문(不成注文). 일본 주식 시장에서 사용되는 특별한 주문 유형으로, 지정한 가격에 거래가 성립되지 않으면 장 마감 시 시장가로 자동 전환되어 강제 청산되는 주문을 뜻한다.

기 때문에, 생각하기에 따라서는 호가창을 볼 수 없는 것도 하나의 장점입니다. 다만 주식 거래에 너무 열중한 나머지 화장실에서 휴대전화로 주가를 확인하는 등 본업에 소홀해지지 않도록 주의하기 바랍니다. 그러다 해고당하면 아무 소용없으니까요. 수익은 감정에 휘둘리지 않고 담담하게 쌓아나가야 하는 법입니다.

주식 시장의
하루 흐름

가격 변동은 시간대에 따라 변화한다

주식 투자 경험이 없는 분들은 트레이딩이 실제로 어떻게 이루어지는지 구체적으로 떠올리기 어려울 수 있습니다. 그래서 주식 거래가 실제로 어떻게 진행되는지, 시장의 흐름을 잠시 살펴보도록 하겠습니다.

1일 주식 시장의 시간대별 흐름은 아래 표와 같습니다.

주식 시장의 시간 흐름		
오전장	8:20	개별 종목 호가 출현
	9:00	오전장 거래 시작
	9:00~9:20	가격 변동이 가장 심한 시간대
	9:30~9:40	가격 변동이 안정되는 시간대
	9:50~10:00	상승하려는 움직임이 나타나기 쉬운 시간대
	11:00	장 마감으로 오전장 종료
점심시간	12:05	개별 종목 호가 출현. 직장인들이 주가를 확인하는 시간대
오후장	12:30	오후장 시작가로 오후장 거래 시작
	13:10~13:40	가장 거래가 한산한 시간대. 졸음이 쏟아진다.

오후장	14:30~14:50	보유를 지속하고 싶은 사람들의 매수와 보유를 원치 않는 사람들의 매도가 충돌하는 시간대
	15:00	장 마감으로 오후장 종료(오사카 증권거래소 · 헤라클레스 시장은 15:10까지)

데이 트레이딩에 큰 영향을 미치는 인간 심리

주식 시장은 9시에 개장합니다. 9시부터 11시까지 오전 거래 시간을 '오전장'이라고 합니다.

점심시간은 1시간 30분, 거래 재개 후 12시 30분부터 15시까지를 '오후장'이라고 합니다(우리나라의 경우는 점심시간이 없이 장이 계속 진행됩니다).

주식 거래의 경우, 거래가 시작되는 시점을 '개장', 끝나는 시점을 '마감'이라고 부릅니다.

따라서 오전장 거래가 시작되는 시점을 '오전장 개장'(또는 간단하게 '개장'), 오전장이 끝나는 시점을 '오전장 마감', 오후장이 시작되는 시점을 '오후장 개장', 오후장이 끝나는 시점을 '폐장' 또는 '오후장 마감'이라고 합니다.

장 시작은 하루 중 가격 변동이 가장 불규칙하게 나타나는 시간대입니다. 예를 들어, 오전장 개장 시 주가는 전 영업일과 동일한 가격으로 시작되기보다는 오히려 다른 가격으로 형성되는 경우가 많습니다. 또한, 오후장이 시작될 때는 점심시간에 시장을 확인한 직장인들의 주문이 한꺼번에 몰리면서 거래량(체결 주식 수)이 크게 증가합니다.

그 외에도 오후에 시장의 흐름이 급격히 바뀌거나, 오전에 비해 오후의 주가 변동이 완만해지는 등 시간대별로 특징적인 가격 변동 경향이 존재합니다. 이처럼 데이 트레이딩은 하루 동안 일어나는 인간의 심리 변화나 생활 패턴과 밀접하게 연관된 투자 기법이라고 할 수 있습니다.

참고로 '개장'과 '장 마감' 사이의 시간대를 '장중'이라고 합니다. 트레이더를 지망하는 분이라면 이 정도 용어는 기억해두는 것이 좋겠지요.

주식 투자를
시작하는 방법은?

증권회사를 선택할 때 고려해야 할 포인트

주식 투자를 처음 시작하시는 분들을 위해 투자 시작 절차를 살펴보겠습니다.

먼저 증권회사를 선택합니다. 증권회사를 선택할 때 중요한 것은 거래 시 발생하는 수수료입니다. 1회당 발생하는 수수료 차이는 얼마 되지 않아도, 거래가 반복될수록 그 '차이'는 무시할 수 없는 금액이 됩니다(주문이 체결되지 않으면 수수료는 발생하지 않습니다).

다음 페이지의 자료는 개인 투자자들에게 인기 높은 SBI 증권과 라쿠텐 증권의 현물 거래 요금 플랜입니다. 수수료 체계는 모든 약정대금의 합계에 따라 변동하는 과금 방식과 1회 거래마다 고정된 금액이 부과되는 방식의 두 종류가 있습니다. 하지만 두 방식 모두 100만 엔 거래 시 수수료는 1,000엔 정도로, 거래 금액에서 수수료가 차지하는 비율은 0.1%에도 미치지 않습니다.

참고로 전자의 요금 플랜을 분석·계산해보면, 매수와 매도의 약정대금 합계가 50만 엔까지는 SBI 증권이 유리하지만, 50만 엔에서 200만 엔까지는 라쿠텐 증권이, 그 이상은 다시 SBI 증권이 더 저렴합니다. 특히 라쿠텐 증권은 데이 트레이딩에 한해 약정대금을 절반으로 계산해주는 혜택이 있습니다. 증권회사마다 수수료 체계가 크게 다르므로 자신의 자금과 거래 스타일에 맞는 가장 경제적인 옵션을 찾아보시기 바랍니다.

이제 증권회사에 계좌를 개설하고 돈을 입금하면 거래를 시작할 수 있습니다. 증권회사에 예치한 자금은 은행과 동일한 수준으로 보호되며, 증권회사가 파산하더라도 보유 중인 주식은 안전하게 보호됩니다. 이것이 주식 거래를 시작하기까지의 기본적인 절차입니다.

1일 약정대금에 따라 과금되는 플랜

1일 약정대금	수수료
~10만 엔	100엔/1일
~20만 엔	200엔/1일
~30만 엔	300엔/1일
~50만 엔	450엔/1일
~100만 엔	800엔/1일
이후 100만 엔씩 증가할 때마다	420엔씩 증가

SBI 증권 액티브 플랜

1일 약정대금		수수료
미니 한정	~50만 엔	450엔/1일
	~100만 엔	900엔/1일
	~200만 엔	2,100엔/1일
	~300만 엔	3,150엔/1일
이후 100만 엔씩 증가할 때마다		1,050엔씩 증가

라쿠텐 증권 1일 정액 코스

※ 데이 트레이딩 할인(데이 트레이딩 시 매수 또는 매도 수수료 무료)

(2009년 10월 기준)

1건 주문 약정대금	수수료
~10만 엔	145엔/1회
~20만 엔	194엔/1회
~50만 엔	358엔/1회
~100만 엔	639엔/1회
~150만 엔	764엔/1회
~3,000만 엔	1,209엔/1회
3,000만 엔 이상	1,277엔/1회

SBI 증권 스탠다드 플랜

1건 주문 약정대금	수수료
~10만 엔	145엔/1회
~20만 엔	194엔/1회
~50만 엔	358엔/1회
~100만 엔	639엔/1회
~150만 엔	764엔/1회
~3,000만 엔	1,209엔/1회
3,000만 엔 이상	1,277엔/1회

라쿠텐 증권 원샷 코스

(2009년 10월 기준)

어떤 조건 주문이
적합할까?

조건 주문 활용이 '승리'의 핵심

시장에서 주식을 주문하는 방법은 크게 두 가지가 있습니다. '시장가 주문'과 '지정가 주문'입니다. 시장가 주문은 가격을 지정하지 않고 주문하는 방식으로, 거래 시간 중에는 즉시 주문이 체결됩니다. 만약 거래 시간 외에 주문을 넣으면 다음 장 시작 시 시가로 체결됩니다. 반면 지정가 주문은 원하는 가격을 지정해 주문하는 방식입니다.

시장가 주문은 신속한 체결이 가능하지만, 가격 면에서는 다소 불리할 수 있습니다. 따라서 거래 시간 중 최대한 신속한 매매가 필요할 때 주로 사용됩니다. 지정가 주문은 정확히 말하자면 조건부 주문의 한 유형으로, 주문 시 다양한 조건을 설정할 수 있습니다. 직장인 등 평일 주간에는 업무 때문에 실시간 주문이 어려운 사람들에게는 필수적인 주문 방식입니다. 다음은 조건부 주문의 대표적인 예시입니다.

시가 지정가 주문

개장 시점에만 지정가 주문을 내는 것입니다. '개장 시점에 이 가격까지 내려가면 산다'와 같은 지정이 가능하며, 개장 시점에 체결되지 않으면 주문이 취소되기 때문에 거래 시간 중에 주가가 급락해도 손실을 볼 염려는 없습니다.

미체결 주문

거래 시간 중에 체결되지 않았을 경우, 오전장 단계에서는 오전장 마감에, 오후장 단계에서는 장 마감에 시장가 주문으로 변경되어 결제할 수 있는 조건부 주문입니다. 원칙적으로 주식을 보유하지 않는 데이 트레이더에게는 매우 고마운 서비스지만, 드물게 장중 마감가(장중 마지막에 형성된 주가가 종가가 되는 것)가 되어 체결되지 않는 경우도 있습니다.

역지정가 주문

미리 지정해둔 가격까지 주가가 움직이면 주문이 실행되는 서비스입니다. 일반적으로 주가가 하락했을 때 청산 매도 또는 손절매에 사용되지만, 상단 저항선(56페이지 참조)을 돌파한 시점에서 추격매수에 사용할 수도 있습니다.

지정가+역지정가

지정가 주문과 역지정가 주문을 동시에 설정할 수 있는 서비스입니다. 예를 들어 '매수한 주식이 이 가격까지 오르면 이익을 확정한다'라는 지정가 매도 주문과 함께, '이 가격 아래로 떨어지면 손절매한다'라는 역지정가 주문을 동시에 걸어둘 수 있습니다. 실시간으로 호가창을 확인하기 어려운 투자자들에게 매우 편리한 서비스입니다. 다만 아쉽게도 SBI 증권은 이 서비스를 지원하지 않습니다.

이런 조건부 주문 서비스가 가장 잘 갖춰진 곳은 카부닷컴 증권입니다. 매수 주문 시점에 매도 주문을 예약할 수 있고, 주식 매수와 동시에 지정가 매도 주문이 자동으로 발주되는 등, 수수료는 다소 비싸지만, 서비스 측면에서는 매우 훌륭합니다.

투자 스탠스를
확립하자

당신의 성격에 맞는 투자 스타일

투자 세계에도 사람의 성격이 그대로 반영됩니다. 제가 아는 투자자들 중에도 자신만의 투자 방식을 확립한 사람이 많습니다. 주식 시장에서는 주가가 상승한 후 매수하고 싶어 하는 투자자를 '추세추종파', 하락한 후 매수하고 싶어 하는 투자자를 '역추세파'라고 합니다. 어느 한쪽이 우월하거나 열등한 것이 아닌, 단순히 개인의 성향 차이일 뿐입니다. 하지만 그렇기 때문에 자신만의 거래방식을 정립할 때, 반드시 고려해야 하는 중요한 요소입니다.

신용 거래인 '공매도'

'주식은 닛케이지수가 계속 오를 때는 좋지만 떨어질 때는 안 좋은 거 아니야?'라고 생각하는 사람도 있을 것입니다. 하지만 신용 거래를 이용하면 보유하지 않은 주식도 하락이 예상되는 시점에 매도 주문을 내고, 실제 하락한 후 다시 매수할 수 있습니다. 이를 '신용 매도' 또는 '공매도'라고 합니다.

이 방법은 다른 곳에서 주식을 빌려와 매도하는 것이므로 빌린 만큼 반드시 상환해야 합니다. 이러한 신용 거래제도의 경우, 기한이 6개월로 정해져 있지만, 데이 트레이딩을 하는 경우에는 당일 결제가 이루어지므로 기한은 전혀 신경 쓸 필요 없습니다. '신용 거래는 무서워'라는 이미지가 있을 수 있지만, 올바른 사용법만 익히면 매우 유용한 투자 수단입니다.

주식 투자에서 신용 거래를 활용하면 증거금의 3배까지 거래가 가능합니다. 이것을 '레버리지'라고 하는데, 손실 위험이 3배가 되는 만큼 수익도 3배로 늘어날 수 있습니다. 즉, 더더욱 '하이리스크 하이리턴(High Risk High Return)'이 되는 셈이죠.

참고로 FX의 경우, 회사에 따라 증거금의 100배까지 거래를 허용하는 곳도 있습니다. 최근에는 '역시 위험도가 너무 높다'라는 이유로 20배까지 제한하려는 움직임이 있는데, 주식이든 FX든 리스크 관리는 소홀히 하지 않도록 합시다.

공매도가 가능한 '대차 종목'

신용 거래에서 '공매도'를 하기 위해서는 거래하려는 종목이 '대차 종목'으로 지정되어 있어야 합니다. 이는 주식을 빌려서 매도할 수 있는 독특한 시스템으로, 여러분은 간단히 '공매도 가능 종목 = 대차 종목'이라고 기억하시면 됩니다. 단 공매도는 1회 주문 당 50단위까지만 가능하다는 규칙이 있습니다.

또한 신용 거래제도에서는 '대차 비율'이라는 지표를 통해 전일까지의 매수·매도 동향을 한눈에 파악할 수 있어 추세 분석에 도움이 됩니다. 대차 비율은 '융자 잔고(매수금)÷대주 잔고(매도금)'로 계산되며, 1배보다 크면 신용 매수가 우세하고 1배보다 작으면 신용 매도가 우세하다는 의미입니다. 실제로 시장에서는 주가가 급락할 때 신용 매수가 증가하고, 급등할 때는 신용 매도가 증가하는 경향이 있습니다. 신용 거래는 6개월 이내에 반드시 결제해야 하므로 매수금 증가는 향후 매도 압력으로, 매도금 증가는 향후 매수 압력으로 작용할 수 있습니다.

자세한 내용은 PART 01의 마지막 칼럼에서 다시 다루겠습니다.

데이 트레이딩에 적합한
종목 선택 방법은 무엇일까?

종목 선택이 중요한 이유

어떤 종목을 선택할지는 데이 트레이딩뿐만 아니라 모든 주식 투자에서 매우 중요한 요소입니다. 시장 전체가 상승세를 보일 때도 하락하는 종목이 있고, 반대로 하락장에서도 상승하는 종목은 존재합니다. 또한 가격 변동성이 크더라도 거래량이 부족한 종목은 데이 트레이딩에 적합하지 않습니다. 데이 트레이딩의 성패는 종목 선택에서 결정된다고 해도 과언이 아닙니다. 종목만 제대로 선택하면 손절매를 하더라도 손실을 최소화할 수 있기 때문입니다.

그렇다면 데이 트레이더로서 어떤 기준으로 종목을 선택해야 할지 살펴보도록 하겠습니다.

닛케이지수와 TOPIX는 전날 확인할 것

저는 매일 전날 밤에 시장 전체의 흐름을 반드시 점검합니다. 개별 종목의 움직임에만 집중하다 보면 전체 시장의 흐름을 놓쳐서 시장 상황이 급변할 때 큰 손해를 볼 수 있기 때문입니다. 눈앞의 나무만 보지 말고 숲 전체를 보는 시야가 중요합니다.

시장 동향을 편리하게 확인하려면 SBI 증권 홈페이지를 이용하시는 것을 추천해드립니다.

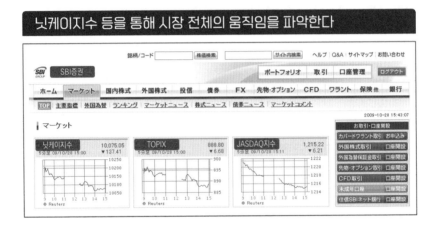

위 화면은 해당 증권사의 마켓 사이트로, 왼쪽에 표시된 것이 '닛케이지수'의 일간 변동 그래프입니다.

'닛케이지수'는 도쿄 증권거래소 1부 상장 종목 중 엄선된 224개 종목의 주가를 특수한 방식으로 평균을 내어 산출한 주가지수입니다. 이날은 전날보다 조금 낮은 가격으로 시작해 점차 하락하고 있음을 알 수 있습니다.

중앙에 위치한 TOPIX(도쿄증권 주가지수) 또한 주목해야 할 중요한 지표입니다. 이는 도쿄증권거래소 1부 상장 전체 종목의 시가총액을 종가 기준으로 합산해서 수치화한 것으로, 1968년의 수치를 기준점 100으로 잡아 도쿄증권거래소가 작성합니다.

TOPIX는 닛케이지수와 달리 1부 상장기업을 전체를 대상으로 하고 있어 시장 전체의 동향을 더욱 정확하게 보여줍니다.

전날 밤에는 이 두 가지 지수만 확인하면 충분합니다. 오른쪽에 있는 JASDAQ 지수도 참고사항 정도로 함께 살펴보면 더욱 좋습니다.

랭킹 정보를 활용하자

시장 전체의 흐름을 확인했다면 다음은 랭킹 정보를 살펴봅니다. 주식 랭킹 정보에는 다양한 종류가 있지만, 저는 특히 **상승률 랭킹**(37페이지 상단 자료 참조)과 **하락률 랭킹**, 그리고 **거래 대금 상위 랭킹**(37페이지 하단 자료 참조)을 참고합니다.

상승률과 하락률 랭킹 정보는 특히 유용하지만, 이에만 의존하는 것은 위험합니다. 그 이유는 '초저가주'라고 불리는 한 자릿수 가격대의 종목들이 랭킹 상위에 자주 등장하기 때문입니다. 예를 들어, 주가 5엔짜리 종목이 6엔이 되면 상승률은 +20%가 되지만, 실제로는 1일 거래 대금이 너무 작아서 매매가 어려운 경우가 많습니다. 반대로 5엔에서 4엔으로 떨어지면 하락률이 -20%가 되어 리스크가 매우 크고 거래할 메리트가 없어집니다.

따라서 '거래량'과 '거래 대금'도 함께 살펴봐야 합니다. 거래 대금 랭킹 상위 종목들은 대체로 큰 자금이 유입된 종목들이므로, 이를 참고하면 인기 없는 종목을 선택하는 리스크를 피할 수 있습니다. 상위 랭킹에는 보통 비슷한 종목들이 반복해서 등장하는데, 평소보다 더 높은 순위에 있거나 평소에는 보이지 않던 종목이 등장하면 체크해보는 것이 좋습니다.

이러한 분석을 매일 반복하다 보면 자연스럽게 시장을 보는 안목이 생기게 됩니다.

점심시간에 종목을 선택하는 경우

직장인들이 점심시간에 참고하기 좋은 랭킹으로는 SBI 증권의 '당사 랭킹'을 추천해드립니다. '마켓'→'랭킹'→'당사 랭킹' 순으로 클릭하면 접속할 수 있으며(2009년 10월 기준), 그중에서도 특히 주목해야 할 것은 바로 다음 페이지의 자료 '거래 대금 상위 랭킹'입니다.

거래 대금 상위 종목을 보여주는 점은 다른 랭킹과 같지만, 이 랭킹에는 그 밖에 특별한 점이 있습니다. 바로 SBI 증권 이용자들이 '오늘 오전장에서 가장 활발하게 거래한 종목(매수, 매도 모두 포함)'을 보여준다는 점입니다.

오전장에서 활발하게 거래되었던 종목이 오후장에서 더 큰 상승세를 보이기도 하고, 때로는 오후장에 들어서면서 갑자기 매도세가 강해지는 등, 오전장과 오후장의 흐름이 바뀌는 경우도 드물지 않습니다.

개인 투자자들에게 인기 있는 증권사인 만큼 이 랭킹은 오후장 종목 선택에 매우 유용한 참고 자료가 되어줄 것입니다. 이 랭킹은 투자 경험이 많은 사람들 중에도 모르는 사람이 적지 않으니 꼭 방문해보시기 바랍니다.

상승률 랭킹(SBI 증권)

거래 대금 상위 랭킹(SBI 증권)

헤드라인 뉴스를 체크하자

증권사 홈페이지에서는 수많은 주식 관련 뉴스를 제공하고 있습니다. 저는 주로 SBI 증권의 마켓 뉴스 중에서 헤드라인 뉴스를 통해 실적 발표나 기타 뉴스 재료(자세한 내용은 PART 03에서 다루겠습니다)를 확인합니다. 다음 페이지 하단의 자료처럼 뉴스 헤드라인이 나열되어 있어서 관심 있는 뉴스를 클릭하면 상세한 내용을 볼 수 있습니다.

다만 모든 뉴스를 일일이 클릭해서 확인하다 보면 끝이 없습니다. 그래서 저는 주가보드[2]에 등록해놓은 종목이 있는지 먼저 체크하고, 있으면 뉴스 내용을 확인하는 방식을 사용합니다. 이런 방식에 익숙해지면 그날 장 마감 후 나온 뉴스는 10분 정도면 모두 살펴볼 수 있을 것입니다.

증권사나 주식 관련 사이트에서는 이 정도 정보만 확인해도 충분합니다. 데이 트레이딩 대상 종목은 10개 회사 정도만 선별하는 것이 좋습니다. 너무 많은 종목을 골라두면 그중에서 다시 추려내기 힘들어집니다.

---

2) 주가보드 : 일본에서 사용하는 주식 거래용 소프트웨어. 고객이 관심 있는 종목의 네 가지 주요 가격(시가, 고가, 저가, 종가), 복수 호가, 거래량, 차트 등의 주가 정보를 한눈에 확인할 수 있는 자동 업데이트 도구

거래 대금 상위 랭킹(SBI 증권 당사 랭킹)

헤드라인 뉴스(SBI 증권)

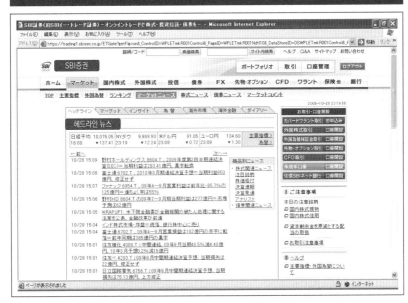

'주가보드'를
적극적으로 활용하자

편리한 섹터별 관리 추천

거래량이 많은 인기 종목은 증권사에서 제공하는 서비스인 '주가보드(한국의 경우, '관심 종목 창'이라고 한다)'에 등록해두도록 합시다. 관심 종목을 쉽고 편리하게 확인할 수 있어 트레이딩 소프트웨어 중에서도 가장 먼저 익혀야 할 기능입니다. 참고로 저는 라쿠텐 증권의 '마켓 스피드Ⅱ'라는 트레이딩 소프트웨어를 사용하고 있습니다.

'마켓 스피드'에서는 주가보드를 '장중 정보'라고 부릅니다.

저의 경우 장중 정보 2~9에 등록하는 종목들은 기본적으로 고정해두고, 장중 정보 1에는 최근 주목받는 종목을 등록합니다. 개인적으로 선호하는 종목은 장중 정보 2에, 은행을 비롯해 토요타자동차, 소니, 신일본제철 등 도쿄 증권거래소 1부를 대표하는 종목은 장중 정보 3에, 부동산, 화학, 제약 관련 종목은 장중 정보 5에 배치합니다.

그리고 상승률이 높은 종목은 위쪽에, 하락률이 높은 종목은 아래쪽에 배치해서 어떤 업종에 자금이 몰리고 어떤 업종이 매도되었는지 한

마음에 드는 종목은 주가 정보 화면에 등록해놓는다

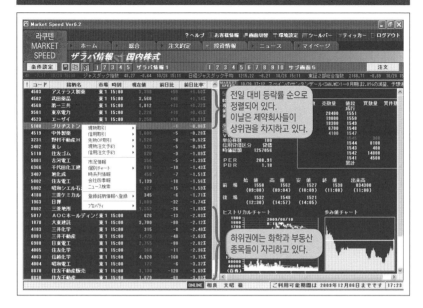

전일 대비 등락률 순으로 정렬되어 있다. 이날은 제약회사들이 상위권을 차지하고 있다.

하위권에는 화학과 부동산 종목들이 자리하고 있다.

개별 종목 뉴스를 검색하는 것도 가능하다(마켓 스피드)

눈에 파악할 수 있도록 구성했습니다. 41페이지 상단의 자료는 장중 정보 5의 화면입니다. 상단에는 제약회사들이, 하단에는 화학과 부동산 관련 종목들이 배치되어 있어 업종별 등락을 즉시 확인할 수 있습니다.

선별한 종목의 뉴스를 검색하자

종목 후보를 선별하는 단계에서는 반드시 개별 종목의 뉴스와 전일까지의 일봉 차트를 확인해야 합니다. 예를 들어, 결산 발표 실적이 매우 좋더라도 이미 주가가 기대감으로 크게 올랐다면 '재료 소멸'이 됩니다. 반면 실적에 대한 우려로 주가가 계속 하락했던 종목은 실적 발표로 '반영 완료'가 되어 주가가 반전할 수도 있습니다. 이러한 사례만 봐도 차트와 뉴스 재료를 함께 분석하는 것이 얼마나 중요한지를 알 수 있습니다.

마켓 스피드에서는 장중 정보의 개별 종목을 우클릭하면 해당 종목의 차트와 뉴스를 검색할 수 있습니다. 41페이지 상단 자료는 브리지스톤을 선택하고 우클릭한 화면입니다. 여기서 '뉴스 검색'을 선택하면 41페이지 하단과 같은 뉴스 화면이 나타납니다.

이 기능을 활용하면 관심 종목의 최근 1개월 치 뉴스를 즉시 확인할 수 있어 매우 편리합니다.

잊어서는 안 되는 환율

그리고 당일 아침 잊지 말고 확인해야 할 것은 바로 엔과 달러 환율입니다. 외국인 투자자들은 일반적으로 엔화가 강세일 때는 일본 주식을 팔고, 약세일 때는 일본 주식을 사는 경향이 있습니다. 엔화 강세 시기에는 주식 매매차익이 없더라도 엔화를 달러로 환전할 때 환차익을 얻을 수 있기 때문입니다. 반대로 엔화가 약세일 때는 같은 금액의 달러로 더 많은 엔화를 확보할 수 있어 투자 여력이 늘어납니다.

또한 환율은 기업의 수출입 사업에도 영향을 미칩니다. 엔화가 강세일 때는 토요타자동차, 혼다자동차, 소니 같은 수출 관련 종목이 하락하고, 니토리 같은 수입 관련 종목의 주가는 상승합니다. 엔화 약세 때는 당연히 반대 현상이 나타납니다. 물론 단 하루 동안 엔화가 강세를 보였다고 해서 수출 기업의 실적이 즉각 악화되는 것은 아닙니다. 하지만 시장에서는 실적과 연관된 모든 요소가 재료로 간주되기 때문에 주가가 크게 움직이게 됩니다.

또한 미국과 관련해서 말씀드리자면 일반적인 미국 주가지수도 체크해두는 것이 좋습니다. 미국의 대표적인 주가지수 '**다우지수**'와 신흥시장인 '**나스닥지수**' 등은 일본 시간 기준 새벽까지 거래되므로 당일 아침에 체크하시기 바랍니다.

여유가 있다면 **시카고 선물거래소(CME)의 닛케이 255 선물 가격도 살펴보도록 합시다.** 아침 닛케이 선물 시가가 CME의 선물 가격과 비슷한 수준에서 형성되는 경우가 많기 때문입니다. CME에 대해서는 PART 02의 칼럼에서 다루도록 하겠습니다.

FX 거래를 하지 않더라도 주식 시장이 국제적으로 연결되어 있다는 점을 인식하고, 환율과 미국 시장 동향에도 관심을 기울이는 것이 중요합니다.

데이 트레이더의
정보 전술은?

모두가 알고 있는 정보를 파악하는 것이 중요하다

데이 트레이딩에서 가장 중요한 것은 '누구나 마음만 먹으면 알 수 있는 정보를 얼마나 빨리 포착하느냐'입니다. 주가가 급상승하는 것은 해당 주식을 사고 싶게 만드는 정보가 공개되어, 다수의 투자자들이 매수 주문을 넣음으로써 발생하는 현상이기 때문입니다. 반면 일반인들이 접근할 수 없는, 일부 특정 집단만 아는 정보는 도움이 되지 않습니다. 언젠가는 영향이 미치겠지만 적어도 당일 거래를 종료하는 데이 트레이더에게는 큰 의미가 없습니다.

데이 트레이딩에 도움이 되는 신문 읽는 법

'누구나 알 수 있는 정보'라는 측면에서 당일 아침 배달되는 신문은 최고의 투자 재료입니다. 구독료는 결코 적지 않은 금액이지만, 매달 그 이상의 가치를 창출한다면 충분히 본전을 뽑을 수 있습니다. 신문 중에서도 특히 〈일본경제신문〉을 추천합니다. 주가를 움직이는 힘이 있는 기관 투자자부터 개인 투자자까지 모두가 구독하는 매체이기 때문에 주가에 미치는 영향력도 가장 큽니다.

아침에 시간이 부족한 분들은 최소한 1면 기사라도 훑어보시기를 바랍니다. 1면에 실린 정보를 체크하고 이후 보도된 종목들의 주가 움직임을 추적하는 것은 정보가 주가에 미치는 영향을 분석하기 위한 좋은 훈련이 됩니다. 1면 우측에는 다른 면의 기사 목록도 실려 있으니 흥미로운 제목이 있다면 함께 살펴보시기 바랍니다. 저도 이 목록에서 의외로 좋은 정보를 발견한 경험이 많습니다.

식상한 말이지만 그저 막연하게 훑어보는 것보다는 목적을 가지고 읽는 것이 훨씬 효과적입니다. 저는 신문을 읽을 때 두 가지 관점을 가지고 접근합니다. 이 기업의 정보가 주가에 어떤 영향을 미칠지 살펴보는 미시적 관점과 세계 경제가 어떻게 움직이고 있는지 대략적인 흐름을 파악하려는 거시적 관점입니다. 또한 신문 기사도 결국 사람이 쓴다는 점을 기억해야 합니다. 같은 사실이라도 작성자에 따라 전혀 다른 인상을 줄 수 있기 때문입니다. 호재처럼 보도된 기사라도 시장은 전혀 다른 평가를 하는 경우도 많습니다.

아침 일찍 일어나 신문을 읽으려면 시간적 여유 이상으로 정신적 여유가 필요합니다. 이러한 정신적 여유야말로 데이 트레이딩의 필수 요소이며, 나아가 주식 시장에서 수익을 창출하는 중요한 원천이 됩니다. 정보는 오프라인과 온라인을 균형 있게 활용하도록 합시다.

공매도를 활용하기 위한 키워드

신용 거래에서는 특히 독특한 용어들이 자주 사용됩니다. 이 책에 등장하는 용어 몇 가지를 소개하겠습니다.

신용 잔고

신용 매수나 신용 매도(공매도) 후 아직 결제가 완료되지 않은 금액을 의미합니다.

숏스퀴즈

대량의 공매도가 있는 상황에서 주가가 급등하면 손실을 감당하지 못한 공매도 투자자들의 환매수가 발생하면서 주가가 더욱 상승하게 됩니다.

이러한 상승 과정에서 새로운 공매도 투자자들이 추가로 진입하지만, 이들 역시 손실을 보면서 하락을 막으려 매수에 나서게 됩니다. 이런 연쇄적인 환매수로 인해 주가가 급격히 상승하는 현상을 숏스퀴즈(Short Squeeze)라고 합니다. 숏스퀴즈 상황에서는 주가가 끝없이 상승할 수 있으므로 신중한 판단이 필요합니다.

역일보(사용료)

신용 매도는 기본적으로 대주주로부터 주식을 차입해 이루어지는 대주 제도입니다. 신용 매도가 과도하게 증가하면 차입 가능한 주식이 부족해지고, 그로 인해 '역일보(逆日步)'라는 사용료가 발생하게 됩니다. 역일보가 발생하면, 그날 공매도 포지션을 보유한 투자자는 보유 주식 수에 비례해 비용을 지불해야 하며, 이 비용은 신용매수 포지션을 보유한 투자자에게 지급됩니다.

역일보 발생은 때때로 매도자들의 매수세를 유발해 숏스퀴즈를 일으키는 등 주가에 상당한 영향을 미칠 수 있으므로 주의가 필요합니다. 다만 당일 중에 거래를 종료하면 역일보 지급이나 수취 등의 직접적인 영향은 받지 않습니다.

PART
02

차트와 호가창의
기본을 이해하자

'매우 실전적인 구성'이 이 책의 특징입니다. 따라서 경험이 없는 분들은 이해하기 어려운 용어도 자주 등장합니다. PART 02에서는 이 책에 등장하는 기본용어를 소개하겠습니다.

차트의 기본 ①
캔들과 거래량이란?

'차트'는 FX에서도 공통으로 사용된다

주식 시장에서 '차트'는 주가의 움직임을 그래프로 나타낸 것입니다. 월봉, 주봉, 일봉, 분봉 등 다양한 차트가 있지만, 이 책에서는 데이 트레이딩이라는 초단기 매매에 초점을 맞춰 기간이 짧은 일봉 차트와 5분봉 차트를 중심으로 설명하겠습니다.

이미 아시는 분들도 많겠지만, 일봉 차트는 하루 단위의 가격 변동을 캔들로 표시하고 그것을 그래프화한 것입니다. 이해를 돕기 위해 다음 페이지에 HOYA의 일봉 차트를 실었습니다. 다음 날의 가격 변동을 예측하기 위해서는 일봉 차트 분석 능력을 갖추는 것이 필수이므로 반드시 잘 확인하시기 바랍니다.

인기도를 알기 위해 필요한 '거래량'

차트 하단에 있는 막대는 하루의 '거래량'을 나타냅니다. 얼마나 많은 거래가 성립되었는지를 보여주며, 종목의 인기를 나타내는 지표입니다.

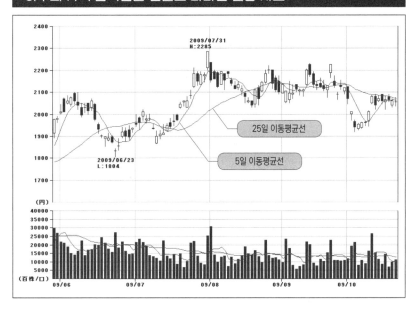

하루의 가격 움직임을 캔들로 나타낸 일봉 차트(HOYA)

매수한 주식을 그날 안에 매도하는 데이 트레이딩에서 거래량은 매우 중요합니다. 거래량이 극단적으로 적은 종목에 손을 댔다가는 매수가 보다 훨씬 낮은 가격에 매도해야 하는 상황이 발생할 수 있습니다. 데이 트레이딩에서 거래량은 최소한 1일 1,000주 단위 이상, 가능하면 1만 주 단위로 움직이는 종목을 선택하는 것이 좋습니다.

기본 중의 기본, '캔들'

차트 중앙에 그려져 있는 작은 직사각형을 '캔들'이라고 합니다. 캔들에는 세 종류가 있으며, 특징은 다음과 같습니다.

양봉은 종가가 시가보다 높을 때 나타납니다. 장이 시작된 후 매수 주문이 매도 주문을 상회해 주가가 상승했을 때 나타나는 캔들입니다.

음봉은 종가가 시가보다 낮을 때 나타납니다. 장이 시작된 후 매도 주문에 밀려 주가가 하락했을 때 나타나는 캔들입니다.

십자형은 시가와 종가가 같을 때 나타납니다. 윗꼬리와 아랫꼬리의 길이가 비슷하다면 매수세와 매도세가 균형을 이루고 있는 상황입니다.

캔들의 기본

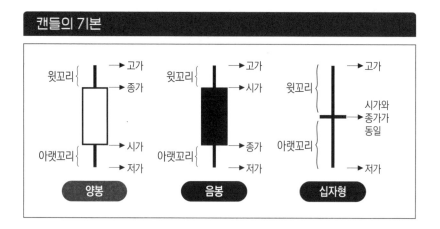

차트의 기본 ②
이동평균선은 매우 중요하다

먼저 5일 이동평균선과 25일 이동평균선을 살펴보자

'이동평균선'도 차트를 구성하는 기본요소 중 하나입니다. 이동평균선이란 해당일까지 며칠간의 주가를 평균한 것으로, 차트상에 물결 모양의 선으로 표시됩니다.

55페이지의 자료에는 5일 이동평균선과 25일 이동평균선의 두 가지가 표시되어 있습니다. 그 밖에 75일 이동평균선 등도 있지만, 여기서는 다루지 않겠습니다.

5일 이동평균선

'5일 이동평균선'은 해당까지 5일간의 주가를 평균해 그래프로 나타낸 것입니다. 단기적인 가격 변동의 추세를 보여주며, 빈번하게 등락을 반복합니다. 주가보다 위에 위치할 때는 저항선으로 작용해 상승을 제한하고, 아래에 있을 때는 지지선이 되어 하락을 막아줍니다.

55페이지의 자료에서도 주가가 상승할 때는 5일 이동평균선을 따라 움직이고, 하락할 때는 이 선에서 저항을 받으며 하락하는 것을 확인할 수 있습니다.

25일 이동평균선

'25일 이동평균선'은 해당일까지 25일간의 주가를 평균해 그래프로 나타낸 것입니다. 저항선이나 지지선으로 작용하는 경우가 매우 많으며 5일 이동평균선보다 큰 영향을 미칩니다. 주가가 장기간 25일 이동평균선 위에서 움직이면, 이동평균선의 기울기는 우상향 형태를 보이며 상승 추세를 형성합니다. 반대로 캔들이 25일 이동평균선 아래에서 움직이고 있다면, 이동평균선의 기울기는 우하향하면서 하락 추세를 형성합니다.

주가가 25일 이동평균선을 크게 밑돌며 일단 하락 추세에 들어서면 다시 상승하기가 쉽지 않습니다. 55페이지의 차트에서도 25일 이동평균선이 주가 상승을 강하게 억제하는 구간을 확인할 수 있습니다.

골든크로스와 데드크로스

지금까지 아래에 있던 5일 이동평균선이 25일 이동평균선을 상향 돌파하는 것을 '골든크로스'라고 합니다. 대표적인 매수 신호로 매우 유명하며, 예시로 든 HOYA의 차트를 보면 7월 중순에 발생한 골든크로스가 주가에 큰 영향을 미친 것을 확인할 수 있습니다. 반대의 경우는 '데드크로스'라고 하며, 이는 매도 신호로 해석됩니다.

갭(GAP)

주가 상승 국면에서 전일 고가와 다음 날 저가 사이, 또는 하락 국면에서 전일 저가와 다음 날 고가 사이에 형성되는 빈 공간을 '갭'이라고 합니다.

주가가 갭을 형성하며 상승하면 매수세가 강하다는 것을, 주가가 갭

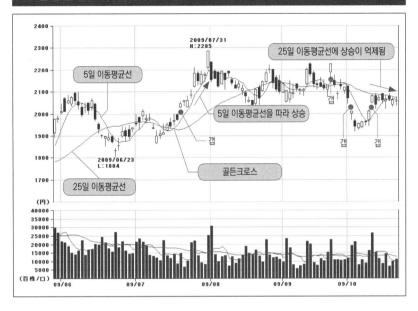

이동평균선의 역할을 알아보자(HOYA)

을 형성하며 하락하면 매도세가 강하다는 것을 나타냅니다.

일봉 차트에 갭이 발생했을 때, 주가가 갭의 가격대에 근접하면 '갭은 반드시 메워진다'라는 시장의 통념에 따라 갭 메우기 현상이 발생할 가능성이 큽니다. '메워지지 않는 갭은 없다'라는 말도 있지만, 이는 매우 장기적인 관점에서의 해석일 뿐, 실제로는 메워지지 않는 갭도 존재합니다.

다만 갭이 2~3개 연속으로 발생하면 시장이 과열된 것으로 해석합니다. 특히 상승장에서 3개의 갭이 연속으로 발생하는 '삼공(三空)' 현상은 강력한 이익 실현 매도 신호로 여겨집니다. 갭 메우기가 완료된 후에는 추세가 전환되는 경우도 많습니다.

추세선

데이 트레이딩을 할 때는 자신이 거래하는 종목이 상승세인지, 하락세인지, 사전에 파악하는 것이 매우 중요합니다. '추세'란, '가격 움직임의 방향성'을 의미하며, 그 방향성을 파악하기 위해 선으로 시각화한 것이 바로 '추세선'입니다.

물결 모양으로 움직이는 주가의 고점을 연결해서 만든 선을 '상단 저항선', 주가의 저점을 연결해서 만든 선을 '지지선'이라고 합니다. 이 두 추세선을 통해 가격 움직임의 방향성을 파악하는 것이 중요합니다.

57페이지의 예시를 보면, 화살표가 표시된 지점에서 주가가 추세선을 돌파하며 일단 추세가 전환되는 것을 확인할 수 있습니다.

가격 저항대

주가는 매일 등락을 반복하지만, 차트를 보면 특정 가격대를 여러 날 동안 오르내리는 구간이 종종 발생합니다. 많은 거래가 이루어지는 구간에 마치 단단한 '대나무 마디' 같은 것이 생기는 것입니다. 저는 이것을 '가격 저항대'라고 부릅니다.

주가가 급등 후 하락해서 다시 이전 가격대로 돌아오거나 급락 후 다시 상승해서 특정 가격대에 도달했을 때, 캔들이 이 가격 저항대에 진입하면 갑자기 가격 움직임이 둔화되는 경우가 있습니다. 그 이유는 가격 저항대에서 주가가 상승할 경우, 그 가격 저항대에서 주식을 팔아버린 사람들이 아쉬워하다가 매도가 근처까지 주가가 돌아오면 주식을 다시 사들이려고 하기 때문입니다.

반대로 가격 저항대에서 주가가 하락할 경우, 가격 저항대에서 주식을 매수해 고점에 물린 사람들이 많기 때문에 매수가까지 주가가 회복되면 팔고 싶어지는 것은 어떤 의미로 당연한 일입니다. 즉, 가격 저항대가 위에 있을 때는 주가 상승을 막는 강력한 저항선으로 작용하고, 가격 저항대가 아래에 있을 때는 강력한 지지선으로 작용합니다. 또한 이런 '횡보' 상태에 있는 차트는 매우 큰 에너지를 축적하고 있습니다. 따라서 가격 저항대에 오래 머물렀던 차트는 그 에너지가 폭발해서 단숨에 주가가 급등하는 경우도 적지 않습니다.

추세선으로 가격 움직임의 방향성을 알아보자

차트의 기본③
5분봉 차트를 읽어보자

3분봉이나 1분봉보다 5분봉이 좋다

이어서 분봉 차트에 대해 설명하겠습니다.

5분봉 차트는 캔들 하나가 5분간의 가격 움직임을 나타낸다는 점만 다를 뿐, 기본적으로는 일봉 차트와 거의 동일합니다. 사람에 따라 3분봉이나 1분봉 차트를 보는 사람도 있지만, 저는 일봉 차트와 5분봉 차트만 챙겨봅니다.

59페이지 자료는 IT 관련 신흥 종목 ACCESS의 5분봉 차트입니다.

5 이동평균선(5 이평선)

분봉 차트에도 이동평균선이 존재합니다. 대부분의 증권사 차트 프로그램에서도 이를 표시할 수 있습니다.

일봉 차트의 '5일 이동평균선'에 해당하는 것이 '5 이동평균선(5 이평선)'입니다. 쉽게 말하자면, 그 시간까지의 5분×5봉=25분간의 주가평균을 그래프로 나타낸 것입니다. 강력한 저항선과 지지선 역할을 합니다.

이 평균선의 특징은 단기 추세가 쉽게 바뀌지 않으며, 주가가 한 방향으

로 움직이기 시작하면 그 흐름이 한동안 지속된다는 점입니다. ACCESS 차트를 살펴보면 8일 오전장에서는 5 이동평균선이 상단 저항선으로 작용해 주가가 하락했고, 오후장부터는 같은 선이 지지선 역할을 하며 주가가 상승하는 것을 확인할 수 있습니다.

25 이동평균선(25 이평선)

한편 일봉 차트의 '25일 이동평균선'에 해당하는 것이 해당 시간까지 5분×25봉=125분간의 주가 평균을 그래프로 나타낸 '25 이동평균선(25 이평선)'입니다.

이 선 역시 지지선 역할을 하지만, 주로 하락 중인 종목 바로 위에서 저항선으로 작용하는 경우가 더 많습니다.

우하향하는 25 이동평균선을 돌파하려면 엄청난 에너지가 필요합니다. 특히 기울기가 우하향에서 수평으로 전환될 무렵, 이 25 이동평균선을 돌파할 수 있다면 주가가 반등할 가능성이 커집니다. ACCESS의 경우, 8일 오후장이 시작되자마자 25 이동평균선을 상향 돌파한 후 매도 일색이었던 추세가 전환된 것을 알 수 있습니다.

잠정 5일 이동평균선

제가 데이 트레이딩을 할 때 항상 염두에 두는 지표 중 하나가 바로 '잠정 5일 이동평균선'입니다. 통상적인 5일 이동평균선은 전일 기준으로 <5일 전, 4일 전, 3일 전, 2일 전, 1일 전>, 이렇게 5일간의 주가를 평균한 값입니다. 그리고 거래 당일의 5일 이동평균선은 <4일 전, 3일 전, 2일 전, 1일 전, 당일>, 이렇게 5일간의 주가를 평균한 값입니다. 즉 5일 전의 주가 대신 당일 주가를 계산에 포함하게 되는데, 이에 따라 거래 당일에는 실시간 가격 변동으로 인해 5일 이동평균선도 끊임없이 변화합니다.

실제 트레이딩 중에 이를 일일이 계산하기는 매우 번거롭습니다. 게다가 이동평균선이 효과적으로 작용하는 것은 주가가 이동평균선 부근에 도달했을 때뿐이기에, 부정확하더라도 대략적인 추세만 파악하면 충분히 유용한 지표로 활용할 수 있습니다.

그래서 저는 5일 전과 당일의 주가를 제외한 <4일 전, 3일 전, 2일 전, 1일 전>의 이 4개의 주가 평균값을 잠정 5일 이동평균선이라는 형태로 산출해서 머릿속 한구석에 넣어두고 매매지표로 활용합니다. 만약 계산이 서툴다면 계산기 등으로 미리 계산해서 메모해두는 것이 좋습니다.

잠정 5일 이동평균선=(4일 전+3일 전+2일 전+1일 전의 주가)÷4

갭 상승과 갭 하락

전일 종가보다 높은 가격으로 시가가 형성되는 것을 '갭 상승(Gap Up)'이라고 합니다. 반대로 전일 종가보다 낮은 가격으로 시가가 형성되는 것을 '갭 하락(Gap Down)'이라고 합니다(각각 GU, GD로 줄여서 부르기도 합니다). 즉, 전일 종가보다 높은 가격으로 거래가 시작되면 갭 상승이고, 전일 종가보다 낮은 가격으로 거래가 시작되면 갭 하락입니다.

미국 시장이나 시카고 선물거래소의 닛케이지수, 또는 그 밖의 여러 요인으로 인해 전날과 완전히 같은 가격으로 시가가 형성되는 경우는 드물기 때문에 보통은 갭 상승이나 갭 하락으로 거래가 시작됩니다. 참고로 ACCESS의 7일 시가는 갭 상승이고, 8일 시가는 갭 하락입니다.

호가창의 기본 ①
호가창의 구조를 알아보자

구조는 확실하게 이해하자

데이 트레이딩을 할 때 '호가창'을 신경 쓰지 않는 사람은 거의 없을 것입니다.

'호가창'이란, 어떤 가격에 얼마나 많은 주식을 사거나 팔고 싶어 하는 사람이 있는지, 그에 대한 정보(호가)를 실시간으로 나타낸 것입니다. 보통 그 옆에 현재가나 전일비 등도 함께 표시됩니다. '백문불여일견(百聞不如一見)'이니 다음 페이지의 자료를 봐주시기를 바랍니다.

'현재가'는 이 시점에서 소프트뱅크의 주가를 나타냅니다. '전일비'는 현재가와 전일 종가의 차이를 플러스·마이너스로 표시한 것입니다. 오른쪽에 있는 '매도 호가 잔량', '호가', '매수 호가 잔량'이 표시된 것이 바로 호가창입니다.

호가는 주식을 팔고 싶은 사람과 사고 싶은 사람의 희망 가격입니다. 그 가격에 얼마나 많은 주식의 매도 주문과 매수 주문이 있는지 보여줍니다. 자료를 보면 2,140~2,160엔 구간이 '매수 호가' 영역

소프트뱅크(9984)　　도쿄증권

		주가 갱신	자동 갱신 ON	
		매도 잔량	호가	매수 잔량
현재가	2,160 ↓	355,700	2,185	
전일비	+45 (+2.13%) (09/10/21 13:29)	207,400	2,180	
시가	2,115 (09:00)	136,300	2,175	
고가	2,175 (13:17)	145,700	2,170	
저가	2,105 (09:00)	114,000	2,165	
전일 종가	2,115 (09/10/20)		2,160	154,000
거래량	8,399,500 (13:29)		2,155	107,100
매매대금	18,049,970 (천 엔)		2,150	84,400
제한값폭	1,715 ~ 2,515 (09/10/21)		2,145	88,200
매매 단위	100		2,140	86,100

으로, 어떤 가격에 얼마만큼의 매수 주문이 있는지 보여줍니다. 반대로 2,165~2,185엔 구간은 '매도 호가' 영역입니다. 소프트뱅크는 매매 단위가 100주이므로 자료에서는 2,160엔의 매수 호가 1,540주와 2,165엔의 매도 호가 1,140주가 **최전선에서 힘겨루기를 하고 있다고 생각하면 쉽게 이해되실 것입니다.**

주문 조건을 선택하는 데도 중요하다

여기서 매수가나 매도가에 구애받지 않는 '시장가 주문'을 내면 매수는 2,165엔, 매도는 2,160엔에 체결됩니다. 체결된 주가가 현재 주가로 표시되기 때문에 2,160엔에 체결되면 주가는 2,160엔으로 유지되지만, 2,164엔에 체결되면 주가는 5엔 상승한 2,165엔으로 표시됩니다.

한편 '지정가 매수 주문'의 경우, 지정한 가격 이하로 매수한다는 의미이므로 설령 2,300엔으로 지정가 주문을 냈다고 하더라도 반드시

2,165엔에 체결됩니다. 즉 '시장가 매수 주문'과 동일한 결과가 되는 것입니다.

호가창 너머를 상상하면

'지정가 매도 주문'으로 100주를 2,165엔에 주문했다고 가정해봅시다. 이 경우, 동시에 다른 주문이 들어오지 않는다면 2,165엔의 매도 호가는 114,000에서 114,100으로 변화합니다.

주식은 100주 단위로 거래되므로, 비유하자면 앞에 1,140명이 줄을 서 있는 상황에서 1,141번째로 줄을 서게 되는 셈입니다. 금액으로 환산하면 2,165×114,000=2억 4,681만 엔입니다. 2억 5,000만 엔에 가까운 매도 주문이 앞에 줄지어 있어서 꽤 후순위처럼 보일 수 있지만, 소프트뱅크처럼 거래량이 많은 종목의 경우 큰 매수세가 유입되면 1,141번째라도 순서는 금방 돌아옵니다.

호가창의 기본 ②
호가란 무엇인가?

매매가 성립되지 않을 때의 '특별호가'

지금까지 호가창에 대해 설명해드렸는데, 아침 장 시작 시점 등에는 매수량과 매도량의 불균형으로 인해 매매가 성립되지 않는 경우가 있습니다. 이런 경우에는 증권거래소의 특별호가 공시 시스템이 작동합니다.

68페이지 상단의 자료와 같이 표시되는 '호가창'을 '특별호가'[3]라고 합니다. 미국 시장이 크게 움직인 다음 날 아침에 특히 자주 볼 수 있는 현상입니다. 이처럼 매수세나 매도세가 한쪽으로 치우쳐 주가가 특정 방향으로 움직이려는 경우, 시장의 균형을 유지하기 위해 5분마다 호가를 해당 방향으로 이동시키는 규칙이 있습니다. 이동 가능한 가격 범위는 68페이지 하단의 자료를 참고하기 바랍니다.

---

3) 특별호가(特別気配) : 일본 주식 시장에서 사용되는 용어. 수요와 공급이 한쪽으로 치우쳐 매수 호가만 있고 갱신 가격 범위 내에 매도 호가가 없는 경우, 거래소는 호가를 표시하고 특별히 호가를 알리는데, 이것을 특별호가라고 한다. 특별호가가 표시되는 동안에는 매매가 중지된다.

구체적인 예를 살펴보겠습니다.

앞에서 말씀드린 자료는 미쓰비시 UFJ 파이낸셜 그룹의 9시 개장 전 호가 변동입니다. 9시 직전에는 477엔의 매도 호가와 476엔의 매수 호가로 균형을 이루고 있습니다. 하지만 9시가 되어도 바로 시초가가 형성되지 않고, 우선 5엔 낮은 482엔의 특별호가로 시작합니다. 이후 5분 간격으로 호가가 5엔씩 하락하다가, 매수 주문과 매도 주문의 총량이 일치하는 9시 10분에 비로소 시초가가 형성됩니다.

데이 트레이딩을 하다 보면 매일 이러한 상황을 접하게 되는데, **호가 창에 현혹되지 말고 차트의 '신호'를 중심으로 거래에 임하는 것이 좋습니다.**

빈번하게 발생하는 '허수 주문'에 주의하자

체결할 의사도 없으면서 대량의 지정가 주문을 넣고 거래 확정 전에 주문을 취소하는 것을 '**허수 주문**'(또는 '허수 호가')라고 합니다. 시세 조작에 해당되어 금융상품거래법으로 금지되어 있으며, 절대 해서는 안 되는 행위입니다.

많은 선량한 데이 트레이더들에게 허수 주문은 매우 골칫거리지만 사실 시장에서 허수 주문이 없는 날은 찾아보기 힘듭니다. 매일 어디선가 허수 주문이 발생하고 있으며, 실제로 이 책을 집필하는 동안에도 발견했습니다. 당시 상황을 69페이지 자료에 담았습니다.

'허수 주문'을 예상한 전략이 필요하다

9시 48분 시점에서 456엔과 457엔에 약 30만 주의 매수 주문이 쌓여 있습니다. 하지만 456엔의 20만 주 매수 호가는 너무나도 부자연스러운 상황입니다. 그 직후 매도 주문이 들어오면서 456엔까지의 매수 호가가 모두 사라졌는데, 실제 체결된 것은 7만 5,000주에 불과합니다. 456엔에 있던 20만 주 이상의 매수 주문이 체결 전에 취소된 것입니다. 이러한 호가창의 움직임이 바로 허수 주문의 전형적인 사례이며, 실제로 시장에서 흔히 볼 수 있는 현상입니다.

허수 주문임을 인지하고 있어도 심리적으로 대량의 매수 주문이 호가창에 표시되면 사고 싶어집니다. 또 대량의 매도 주문이 표시되어 있으면 무서워서 팔고 싶어집니다. 그 허수 주문이 사라지면 이번에는 반대로 행동하고 싶어집니다. 이처럼 실제로 주가가 움직이기 때문에 머리로는 허수 주문임을 알면서도 결국 영향을 받고 휘둘리게 됩니다.

현재 시장 상황에서는 안타깝게도 허수 주문이 사라질 가능성은 요원해 보입니다.

따라서 우리 데이 트레이더들은 항상 허수 주문의 가능성을 염두에 두고 거래에 임해야 합니다.

미쓰비시 UFJ 파이낸셜 그룹 (8306) 10월 22일

매도 잔량	호가	매수 잔량
11,100	481	
49,600	480	
21,400	479	
8,800	478	
2,208,800	477	
	476	2,599,300
	475	398,300
	474	108,600
	473	89,500
	472	182,400

9시 이전 호가

매도 잔량	호가	매수 잔량
32,900	486	
148,200	485	
43,500	484	
28,400	483	
2,573,400 특	482	
	482	1,455,100
	481	118,800
	480	391,500
	479	87,500
	478	125,600

9시 정각 호가

매도 잔량	호가	매수 잔량
119,200	481	
184,000	480	
132,800	479	
39,000	478	
4,347,000 특	477	
	477	3,504,400
	476	661,600
	475	543,100
	474	224,700
	473	355,900

9시 5분 호가

매도 잔량	호가	매수 잔량
154,100	480	
114,200	479	
192,000	478	
46,000	477	
82,800	476	
	474	331,900
	473	378,400
	472	448,000
	471	327,900
	470	792,100

9시 10분 호가

주가 호가의 5분 단위 변동 폭

호가(이상~ 미만)	이동 가격 범위	호가(이상~ 미만)	이동 가격 범위
1~200엔	5엔	1만~1만 5,000엔	300엔
200~500엔	8엔	1만 5,000~2만 엔	400엔
500~700엔	10엔	2~3만 엔	500엔
700~1,000엔	15엔	3~5만 엔	700엔
1,000~1,500엔	30엔	5~7만 엔	1,000엔
1,500~2,000엔	40엔	7~10만 엔	1,500엔
2,000~3,000엔	50엔	10~15만 엔	3,000엔
3,000~5,000엔	70엔	15~20만 엔	4,000엔
5,000~7,000엔	100엔	20~30만 엔	5,000엔
7,000~1만 엔	150엔	30~50만 엔	7,000엔

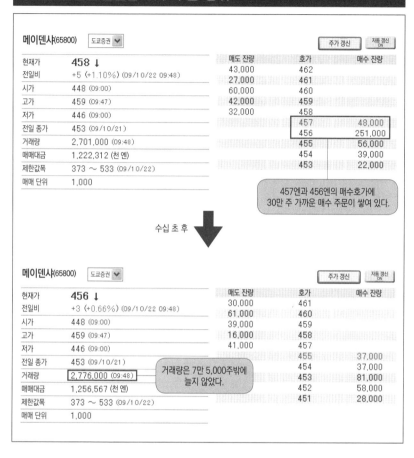

메이덴샤(65800)　도쿄증권 ▽

현재가	458 ↓
전일비	+5 (+1.10%) (09/10/22 09:48)
시가	448 (09:00)
고가	459 (09:47)
저가	446 (09:00)
전일 종가	453 (09/10/21)
거래량	2,701,000 (09:48)
매매대금	1,222,312 (천 엔)
제한값폭	373 ~ 533 (09/10/22)
매매 단위	1,000

주가 갱신　자동 갱신 ON

매도 잔량	호가	매수 잔량
43,000	462	
27,000	461	
60,000	460	
42,000	459	
32,000	458	
	457	48,000
	456	251,000
	455	56,000
	454	39,000
	453	22,000

457엔과 456엔의 매수호가에
30만 주 가까운 매수 주문이 쌓여 있다.

수십 초 후

메이덴샤(65800)　도쿄증권 ▽

현재가	456 ↓
전일비	+3 (+0.66%) (09/10/22 09:48)
시가	448 (09:00)
고가	459 (09:47)
저가	446 (09:00)
전일 종가	453 (09/10/21)
거래량	2,776,000 (09:48)
매매대금	1,256,567 (천 엔)
제한값폭	373 ~ 533 (09/10/22)
매매 단위	1,000

거래량은 7만 5,000주밖에
늘지 않았다.

주가 갱신　자동 갱신 ON

매도 잔량	호가	매수 잔량
30,000	461	
61,000	460	
39,000	459	
16,000	458	
41,000	457	
	455	37,000
	454	37,000
	453	81,000
	452	58,000
	451	28,000

호가창의 기본 ③
틱(tick)과 상한가/하한가

매매를 지정할 수 있는 최소 가격 단위 '틱'

주식을 매매할 때 지정할 수 있는 금액의 최소 단위를 '틱(tick)'이라고 합니다. '틱'은 '호가 단위'라고도 불리며, 그 단위는 72페이지의 호가 단위 표와 같이 정해져 있습니다.

예를 들어, 3,000엔 미만의 주식은 호가 단위가 1엔이므로, 2,999엔 과 같이 1엔 단위로 지정가 주문이 가능합니다. 반면 3,000~5,000엔 사이의 주식은 호가 단위가 5엔이므로, 3,001엔이나 3,002엔으로는 주문할 수 없고 3,005엔, 3,010엔과 같이 5엔 단위로만 지정이 가능합니다.

참고로 63페이지의 소프트뱅크 주가가 5엔 단위로 표시된 것은 2009년 말까지 2,000엔대 주식의 호가 단위가 5엔이었기 때문입니다.

이익금과 손실금, 그리고 승률이 중요하다

데이 트레이딩에서는 흔히 '틱 거래'라는 표현을 사용합니다. 이것은 '1틱 낮은 가격으로 매수한 주식을 1틱 높은 가격에 매도하는 것'을 의미합니다.

최근에는 수수료가 크게 낮아져서 틱 거래만으로도 충분한 수익을 낼 수 있게 되었습니다. 실제로 이러한 매매 방식은 스캘핑이라는 하나의 투자 기법으로 인정받고 있습니다. 다만 틱 거래를 할 때는 매매 종목의 주가 수준에 따라 수익 규모가 크게 달라질 수 있으므로 주의가 필요합니다.

예를 들어, 이런 상황을 생각해봅시다.
주가가 100엔인 종목의 경우, 100만 엔을 투자하면 1만 주를 매수할 수 있습니다. 이를 1틱 상승한 101엔에 매도하면 1만 엔의 이익이 발생합니다. PART 01에서 설명해드린 수준의 수수료라면 이를 차감하더라도 충분한 수익을 확보할 수 있습니다.

반면, 주가가 1,000엔인 종목의 경우, 100만 엔으로는 1,000주밖에 매수할 수 없으므로 1틱 상승한 1,001엔에 매도하더라도 이익은 1,000엔에 불과합니다. 이런 경우 수수료를 제하면 잘해야 본전이고, 수수료가 비싼 증권사를 이용하면 오히려 손해를 보게 됩니다.

따라서 1,000엔대 종목을 거래할 때는 1%의 수익을 얻을 수 있는 1,010엔을 목표로 삼는 등 나름대로 전략이 필요합니다. 더 나은 수익을 위해서는 단순히 틱에만 집중하지 말고, 주가 대비 상승률이나 등락률을 기준으로 판단하는 것이 바람직합니다.

10번 거래해서 9번을 성공하더라도 나머지 1번의 실패로 모든 수익이 사라진다면 의미가 없습니다. 1회 거래당 이익과 손실의 규모, 그리고 승률 간의 균형을 맞추는 것이야말로 지속적인 수익 창출을 위해 반드시 필요한 핵심 요소입니다.

주가와 가격 제한폭의 관계를 알아보자

보통 주가는 하루 안에 2배, 3배로 뛰거나 반대로 그만큼 폭락하는 경우는 없습니다. 왜냐하면, 일반적으로 전날 종가를 기준 주가로 삼아 다음 영업일의 가격 변동 폭이 정해져 있기 때문입니다. 73페이지의 표는 기준 주가와 가격 제한폭의 관계를 보여줍니다.

호가 단위			
주가(이상~ 미만)	호가 단위	주가(이상~미만)	호가 단위
2,000엔 이하	1엔	3~5만 엔	50엔
2,000~3,000엔	5엔	5~30만 엔	100엔
3,000~3만 엔	10엔	30~300만 엔	1,000엔

주가가 가격 제한폭 최대치까지 상승하는 것을 상한가, 자격제한폭 최대치까지 하락하는 것을 하한가라고 합니다.

예를 들어 69페이지에서 소개한 메이덴샤의 경우, 전날 종가가 453엔이고 가격 제한폭은 373~533엔입니다. 이는 표에서 볼 수 있듯이 기준 주가가 400엔대일 경우 ±80엔의 제한폭이 적용되기 때문입니다. 따라서 주가가 533엔까지 오르면 상한가, 373엔까지 내리면 하한가가 됩니다.

이처럼 기준이 되는 주가에 따라 상한가와 하한가까지의 가격 폭이 크게 달라질 수 있다는 점에 반드시 유의해야 합니다.

기준 주가에 따른 가격 제한폭

기준 주가(이상~미만)	가격 제한폭	기준 주가(이상~미만)	가격 제한폭
1~100엔	±30엔	1~1만 5,000엔	±3,000엔
100~200엔	±50엔	1만 5,000~2만 엔	±4,000엔
200~500엔	±80엔	2~3만 엔	±5,000엔
500~700엔	±100엔	3~5만 엔	±7,000엔
700~1,000엔	±150엔	5~7만 엔	±1만 엔
1,000~1,500엔	±300엔	7~10만 엔	±1만 5,000엔
1,500~2,000엔	±400엔	10~15만 엔	±3만 엔
2,000~3,000엔	±500엔	15~20만 엔	±4만 엔
3,000~5,000엔	±700엔	20~30만 엔	±5만 엔
5,000~7,000엔	±1,000엔	30~50만 엔	±7만 엔
7,000~1만 엔	±1,500엔	50~70만 엔	±10만 엔

CME와 닛케이 225 선물

앞서 말씀드렸듯이, 닛케이지수는 엄선된 225개 기업의 특별한 계산법에 따른 평균값입니다. 이 상품에는 선물이 있으며, '닛케이 선물'이라는 이름으로 오사카 증권거래소 등에서 거래되고 있습니다.

본래는 '닛케이지수가 있기에 닛케이 선물이 존재한다'라는 것이 기본 구도지만, 실제로는 선물의 주도로 현물 주식이 매매되어 닛케이지수를 움직이는 것이 일반적입니다. 따라서 실시간으로 시장을 분석하는 트레이더라면, 닛케이 225 선물의 움직임을 주시하는 것이 좋습니다. 참고로 세계 최대 선물거래소인 미국의 'CME(시카고 상품거래소)'에서도 닛케이 선물이 거래되고 있습니다.

아침 닛케이지수는 대부분 CME의 닛케이 선물 종가에 연동되는 경향이 있습니다. CME 닛케이 선물의 실시간 차트는 'CME 닛케이 선물 실시간 차트' 홈페이지(http://nikkei225jp.com/cme/)나 라쿠텐 증권 마켓 스피드(선물 OP 시세 정보→닛케이 225 선물) 화면에서 열람할 수 있습니다. CME

는 일본 시간 기준 새벽까지 거래가 이어지므로 **아침에 CME 동향을 확인하는 습관을 들이는 것이 좋습니다.**

그 밖에 SGX(싱가포르 거래소)에서도 닛케이 선물이 거래되고 있습니다. 다른 거래소에 비해 거래량은 적지만, 일본 시장의 점심 휴장 시간에도 거래가 이루어지므로 **오후장 시작 전에 참고 지표로 활용하면 좋습니다.**

					닛케이 선물 PIVOT
닛케이지수	9,770.31	-34.18	0.00%	13일종가	9920 HBOP
닛케이 선물 OSE	9,750.00	-40.00	▼0.41%	15:10	9870 S2 9810 S1
닛케이 선물 OSE(이브닝)	9,740.00	–	▼%	11/13 20:00	9760 PIVOT 9700 B1
닛케이 선물 SGX	9,770.00	+15.00	▲0.15%	11/14 01:54	9650 B2 9590 LBOP
닛케이 선물 CME	9,785.00	+5.00	▲0.05%	Nov 13	9750.00 11/13종가
닛케이 선물 CME(엔)	9,775.00	0.00	0.00%	Nov 13	9820.00 11/13고가 9710.00 11/13저가

PART
03

차트와 뉴스 재료를
파악하는
분석 노하우

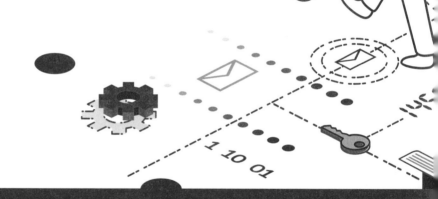

주식으로 이익을 얻으려면 '차트를 읽는 능력'과 '뉴스 재료를 분별하는 능력'이 중요합니다. 이 장에서는 제가 실제 매매 지표로 활용하는 차트 패턴과 뉴스 재료를 소개하겠습니다.

뉴스 재료 ①
결산 발표의 기본

뉴스 재료를 알면 귀중한 기회를 놓치지 않는다

투자 세계에서는 '매수 재료(호재)', '매도 재료(악재)'라는 말을 자주 사용합니다.

매수 재료(호재)란 주가를 끌어올리는 뉴스를 말하며, 반대로 매도 재료(악재)란 주가를 하락시키는 뉴스를 의미합니다.

주가는 밤낮으로 뉴스 보도에 따라 크게 요동치기 때문에 '뉴스 재료를 어떤 타이밍에 파악하고 어떻게 해석하느냐'는 데이 트레이더에게 매우 중요합니다.

결산과 실적 전망을 파악하자

뉴스 재료 중에서도 가장 일반적이고 가장 자주 접하게 되는 것이 기업의 '결산'입니다. 결산이란, 기업의 경영 실적과 재무 상황을 정리하는 일련의 작업과 이를 통해 공개되는 기업 정보를 의미합니다. 예시로, 3월 결산 기업인 토요타자동차를 살펴보겠습니다. 왼쪽에 표시된 날짜는 결산 발표일입니다.

2008년 5월 8일	2008년도 결산 및 2009년 3월기 전망 발표	
2008년 8월 7일	제1사분기 결산 발표	
2008년 11월 6일	제2사분기 결산 발표	
2009년 2월 6일	제3사분기 결산 발표	
2009년 5월 8일	2009년도 결산 및 2010년도 실적 전망 발표	

상장기업은 대부분 이처럼 연간 4회의 결산을 실시합니다. 1년에 한 번 전년도 실적이 어땠는지 발표하는 본 결산이 있는데, 토요타의 경우, 보통 5월 골든위크[4] 이후에 진행합니다. 또한 3개월마다 사분기 결산을 실시, 3개월간의 실적을 집계해서 발표하고 있습니다. 6개월간의 실적을 정리한 중간결산이라는 것도 있는데, 보통 제2사분기 결산과 함께 발표됩니다.

결산은 크게 단독결산과 연결결산으로 나뉩니다. 단독결산은 토요타자동차 주식회사라는 회사 단독의 결산입니다. 연결결산은 토요타자동차의 연결결산 대상인 자회사 530개 사(2009년 3월 기준)의 실적을 모두 합산한 것입니다. 동시에 발표되는 경우에는 기본적으로 연결결산 쪽을 보시면 됩니다.

결산은 기대감과 경계감이 교차한다

데이 트레이딩은 다음 날까지 포지션을 유지하지 않는 것이 기본 원칙이므로, 얼핏 결산과는 관계가 없어 보일 수 있습니다. 결산 내용을

---

4) 골든위크 : 4월 말에서 5월 초에 걸친, 1년 중 휴일이 가장 많은 일본의 황금연휴 주간

기다리며 두근두근 설레거나 마음 졸이는 경우도 거의 없습니다. 하지만 전혀 관계가 없는 것은 아닙니다. 결산 발표 전에는 발표 내용에 대한 기대나 경계심으로 주가가 평소와 다른 움직임을 보이기 시작합니다. 결산 발표에 앞서 실적 전망 상향 조정이나 하향 조정이 발표되는 경우에는 특히 그렇습니다.

결산 발표가 끝난 후에도 다음 날 이후 주가는 크게 요동칩니다. 특히 결산 발표 직후부터 증권사들이 해당 기업의 투자 등급을 조정하는 기간에는 주가가 한 방향으로 움직이는 경향이 있어, 개인 투자자에게도 좋은 기회가 될 수 있으니 놓치지 말기 바랍니다. 한편 일부 기업은 거래 시간 중에 결산을 발표하기도 합니다. 이런 경우, 결산 발표를 하는 순간부터 주가가 급격히 움직이게 됩니다. 그날 결산 발표가 있는 것도 모르고 해당 종목을 보유하고 있다가 급등락에 우왕좌왕하는 일은 피하는 것이 좋겠지요.

발표 시기는 미리 알아두자

결산 발표 일정은 사전에 공지되므로 자주 거래하는 종목이라면 결산일 정도는 파악해두는 것이 좋습니다. 이러한 정보는 여러 인터넷 사이트에서 확인할 수 있는데, 개인적으로 추천해드리고 싶은 것은 골든 차트사에서 제공하는 서비스입니다.

기업명이나 종목 코드만 입력하면 해당 종목의 결산일뿐만 아니라 구체적인 발표 시간대까지 확인할 수 있는 훌륭한 서비스입니다.
82페이지의 자료가 바로 그 웹사이트의 메인 화면입니다.

주가는 결산 발표 전후로 크게 움직인다

결산 발표 내용은 도쿄 증권거래소 홈페이지 '적시 공시 정보 열람 서비스'에서 확인할 수 있습니다. 가장 빠르게 정보를 얻으려면 이곳에 공개되는 정보를 확인하면 되지만, 여기 기재된 숫자를 보고 매수할지, 매도할지 즉각적으로 판단하는 것은 우리 같은 일반인에게는 매우 어려운 일입니다. 몇 분 후에는 로이터 재팬 등의 회사에서 이해하기 쉽게 정리한 뉴스가 각 증권사에 배포되므로, 이를 참고해서 거래하는 것이 좋습니다.

이처럼 결산 발표 전후로 주가는 크게 변동하는 경향이 있으므로 각 기업의 결산 일정을 파악하고 관련 지식을 미리 쌓아두도록 합시다.

결산 발표 타이밍을 알 수 있는 웹사이트

도쿄 증권거래소 '적시 공시 정보 열람 서비스'

뉴스 재료 ②
호조와 부진, 그리고 실적 예상

'사전 예상을 상회하는가, 하회하는가'가 중요하다

이제 지금까지 설명한 방법으로 뉴스 재료를 접할 수 있게 되었습니다. 그렇다면 이런 뉴스 재료들은 주가에 어떤 영향을 미칠까요? 가장 기본이 되는 '매수 재료(호재)'와 '매도 재료(악재)'를 중심으로 확인해봅시다.

우선 기업 실적 관련 재료부터 살펴보겠습니다. 주가는 장기적으로 기업의 실적을 따라 움직이는 경향이 있으므로, 우선 이것이 뉴스 분석의 가장 기본적인 요소라고 할 수 있습니다.

실적의 호조와 부진

기업 결산이 단순히 흑자면 '매수', 적자면 '매도'라고 생각하는 사람이 있는데, 그것은 잘못된 판단입니다. 또한, 언론에서 보도하는 전년 대비 증익률 같은 수치도 이미 시장에 알려진 정보이기 때문에 큰 영향력을 갖지 못합니다.

중요한 것은 사전에 예상된 수치와의 비교입니다. 실적이 **예상치를**

상회하면 '매수', 하회하면 '매도' 재료로 보는 것이 좋습니다.

'예상'은 크게 두 가지로 나뉩니다. 먼저 첫째, 애널리스트들의 예상입니다. 대기업의 경우, 애널리스트들이 사전에 예상(시장 예측)을 발표하고, 실제 실적이 이를 웃돌면 향후 상향 조정이 기대되기 때문에 '매수 재료'로 취급합니다. 그리고 둘째는 기업이 직접 발표하는 결산 전망(실적 예상)입니다.

당기 결산 전망

결산 전망은 1년에 한 번, 본 결산 발표 시점에 다음 연도 매출액 등의 예측이 함께 발표됩니다. 중간결산 전망과 통기결산 전망, 두 종류가 있으며, 각 증권거래소는 기업들에 이러한 실적 예상 발표를 오랫동안 요구해왔습니다.

최근에는 급격한 경기 변동으로 인해 실적 예측이 어렵다는 이유로 공시를 미루는 기업들이 늘고 있지만, 여전히 많은 기업들이 지속적으로 실시하고 있습니다. 예를 들어, 사분기 결산 매출액이 연간 실적 예상 대비 25%를 크게 상회할 것 같으면 '매수 재료'로 간주됩니다. 즉, 큰 흑자라도 사전 예상보다 낮으면 '매도 재료'가 되고, 반대로 적자라도 예상보다 양호하면 '매수 재료'가 될 수 있으므로 주의해야 합니다.

실적 예상과 상향 수정·하향 수정

실제 결산이 예상치를 크게 상회하면, 기업은 실적 전망을 수정합니다. 이 수정된 실적 전망은 주로 결산일 며칠 전에 발표됩니다.

실적 호조로 인해 중간 결산이나 통기 결산 전망을 좋은 쪽으로 수정하는 것을 '**상향 수정**'이라고 합니다.

결산 전망의 상향 수정은 대표적인 호재입니다. 특히 영업 이익이나 경상 이익의 상향 수정이 중요한데, 20% 이상의 상향 수정은 매우 강력한 호재로 평가됩니다. 불황기에는 특히 기업의 본업 실적을 보여주는 영업 이익이 주목을 받습니다. 반대로 결산 전망이 '**하향 수정**(나쁜 방향으로 수정)'되면 악재로 받아들여집니다.

기본적으로 '상향 수정=매수', '하향 수정=매도'로 해석해도 무방하지만, 재료가 소멸되었거나 이미 시장에 반영되었다고 판단되어 주가가 반대로 움직이는 경우도 적지 않습니다.

뉴스 재료 ③
증권사의 레이팅

등급 정보가 전달되는 시간차에 주의할 것

각 증권사가 발표하는 레이팅(주가 등급)도 주가 형성에 큰 영향을 미치는 요소 중 하나입니다. 이 발표는 기업의 실적 발표보다 더욱 크게 주가를 움직입니다.

증권사의 레이팅은 '매수', '중립', '매도' 등 3단계 또는 '1(매수)'~'5(매도)' 등 5단계로 분류됩니다. 이 등급이 '중립'에서 '매수' 등 상위 단계로 변경되는 것을 '등급 상향 조정'이라고 합니다.

등급 상향 조정이 발표된 종목은 아침부터 비정상적으로 높은 호가를 보이는 경우가 많습니다. 하지만 이 레이팅 정보가 시장에 널리 알려지기까지는 시간이 걸리고, 증권사의 공식 뉴스로 나오기 전까지는 일반 투자자들이 알기 어렵습니다. 따라서 뉴스가 없다고 섣불리 공매도에 나섰다가는 당일 큰 손실을 볼 수 있으니 주의해야 합니다.

상향 조정과는 반대로 레이팅이 하위 단계로 조정되는 '등급 하향 조정'은 악재입니다. 다만 저가 구간에서 추가로 하향 조정이 이루어진 경우에는 오히려 이를 계기로 바닥을 찍고 반등하는 경우도 있습니다. 레이팅 변경은 발표 즉시 주가에 큰 영향을 미치므로 데이 트레이더라면 반드시 주목해야 합니다.

하지만 솔직히 그 신뢰성은 의심스러운 부분이 있습니다. 예를 들어, 어떤 증권사들은 기업 실적 발표 후 '매도'로 등급을 낮췄다가 3개월 만에 아무렇지 않게 '매수'로 상향 조정하기도 하고, 심지어 '매수' 등급을 부여해놓고 뒤로는 해당 종목을 대량으로 신용 매도하는 경우도 있습니다.

증권사에 따라 등급의 영향력은 상이합니다. 일본에서는 노무라증권, 외국계로는 골드만삭스(GS), 크레디트 스위스(CS) 등이 규모도 크고 시장에 미치는 영향력도 강합니다. 레이팅 조정은 보통 기업의 실적 발표 다음 날부터 수일 내에 이루어지는 것이 일반적이지만, 때로는 아무 전조 없이 갑자기 발표되기도 합니다.

목표 주가의 상승과 하락

증권사는 각 종목의 등급과 함께 '목표 주가'라는 것을 설정합니다. 이 **목표 주가가 상향 조정되면** '호재'로 간주합니다. 특히 목표 주가가 현재 주가보다 높게 설정될수록 그 영향력은 절대적입니다.

일반적으로는 레이팅 상향 조정과 함께 발표되지만, 이미 최고 등급인 종목의 경우 목표 주가만 상승하기도 합니다. 한편 목표 주가를 상향 조정하더라도 주가가 이미 고점이라는 이유 등으로 등급이 하향 조정되면 주가는 하락하게 됩니다. 레이팅은 목표 주가보다 더욱 영향력이 강하므로 주의해야 합니다. 목표 주가가 하향 조정되는 경우는 대부분 '레이팅 하향 조정'이 함께 이루어지는 경우가 많습니다.

뉴스 재료 ④
수급 균형을 움직이는 요소

투자자를 무시하는 기업 행동은 '악재'

주식 시장은 기업의 실적만으로 움직이는 것이 아닙니다. 시장에 유통되는 주식에 큰 매수 수요와 매도 수요가 발생했을 때도 주가는 크게 변동합니다. 여기서는 '수급'이라는 관점에서 호재와 악재를 살펴보겠습니다.

'자사주 매입'과 '공모증자'

기업이 자사의 주식을 사들이는 것을 '자사주 매입'이라고 합니다. 자사주 매입을 하면 시장에 유통되는 주식 수가 줄어듭니다. 따라서 자사주 매입이 진행되는 동안에는 주가 하락을 방어하는 효과가 있습니다. 이렇게 매입된 주식은 '금고주'라고 불리며 발행 주식 수에서 제외됩니다. 자세한 설명은 생략하겠지만, PER(주가수익률)을 낮추는 효과도 있습니다.

기업이 자금을 조달하기 위해 새로 주식을 발행해서 투자자에게 파는 것을 '공모증자'라고 합니다. 자사주 매입과는 반대되는 개념입니다.

공모증자는 주식 수 증가로 인한 '주식 희석화'를 유발해 단기적으로는 강력한 악재로 인식됩니다.

다만 최근에는 조달 자금을 사업 확장에 효과적으로 활용하는 공격적인 증자의 경우, 오히려 긍정적으로 평가되어 공모증자 발표 직후나 신주 발행 이후에 주가가 상승하기도 합니다. 또한 공모증자 시 수요가 많을 경우, 대주주로부터 주식을 일시적으로 차입해 추가로 주식을 판매하는 '오버얼럿먼트(Over-allotment)'가 이루어지기도 합니다.

MSCB 발행

MSCB는 '전환가액수정조항부전환사채(Moving Strike Convertible Bond)'의 약자입니다. CB란 주식으로 전환할 수 있는 사채로, 상장기업의 자금 조달 방법으로 자주 사용됩니다. 주가가 오르면 주식으로 전환해 매도할 수 있고, 주가가 오르지 않으면 사채 이자를 받을 수 있습니다.

반면, MSCB는 주가가 하락하면 그에 맞춰 전환 가격도 자동으로 낮아지는 특수한 사채입니다. 주가가 하락할수록 발행 주식 수를 늘려 발행 기업과 인수자가 큰 이익을 얻을 수 있는 마법 같은 자금 조달 방식입니다.

하지만 이것은 기존 주주들만 큰 손해를 보는 구조로 이루어져 있습니다. 전환 가격 하한선까지 주가가 끝없이 하락하는 MSCB는 매우 심각한 악재라는 것을 인지해야 합니다. 데이 트레이딩에서는 MSCB 발행이 발표된 종목은 매도세가 지배적일 것으로 예상하면 됩니다.

닛케이 225에 채용

닛케이지수는 항상 같은 종목으로 고정된 것이 아닙니다. 1년에 1~2회 종목 교체가 이루어집니다. 그리고 이 교체 시기에는 해당 종목의 주가가 큰 폭으로 움직이게 됩니다. 그 이유는 닛케이지수를 기반으로 하는 인덱스 펀드(닛케이지수나 TOPIX 등과 동일한 수익률을 목표로 운용되는 투자신탁)가 신규 편입 종목을 매수하고 제외 종목을 매도하기 때문입니다.

이와 마찬가지로 도쿄증권거래소 1부로 승격되는 종목들은 TOPIX에 새로 편입되므로, 인덱스 펀드의 매수세가 유입되어 주가 상승으로 이어지게 됩니다.

뉴스 재료 ⑤
세상의 영향 등

주가가 실제와 괴리되는 경우도 있다

마지막으로 '추측성' 뉴스 재료를 소개하겠습니다. 당장 실적과 직결되지는 않더라도 향후 큰 영향을 미칠 것이라는 시장관계자들의 기대나 불안으로 인해 주가가 움직이는 경우입니다.

그해의 시류에 편승하기

시기마다 특별히 인기를 끄는 종목들이 존재합니다. 예를 들어, 2009년에는 배터리 등의 환경 관련 종목과 신종 인플루엔자 관련 주들이 큰 주목을 받았습니다. 이러한 종목들은 실제 실적과 직접적인 연관이 없는 재료가 대부분이지만, 투자자들의 미래에 대한 기대감이 점점 커지면서 동시에 주가도 급격히 상승하게 됩니다.

흥미로운 점은 현재 실적과는 동떨어진 수준까지 주가가 오르더라도, 실제 실적 발표 시점이 되면 시장이 냉정을 되찾으면서 주가가 제자리로 돌아가는 경우가 종종 있다는 것입니다.

유력 기업과의 제휴

기업 간에 제휴가 발표되면 일반적으로 규모가 작은 기업에 호재로 작용합니다. 따라서 작은 기업의 주가가 상승합니다. 반면 대기업 간의 제휴는 양사 모두에게 이익이 된다고 판단될 경우, 두 기업의 주가가 동반 상승하는 경향을 보입니다.

사건, 불상사 발생

사건이나 불상사가 발생하면 그 기업의 주가는 큰 폭으로 하락합니다. 단 일시적인 사건일 뿐 곧 실적 회복이 예상되는 경우라면, 공황매도가 진정된 후에는 오히려 매수 기회로 활용할 수도 있습니다.

TOB 발표(Take Over Bid)

불특정 다수의 주주들로부터 시장을 거치지 않고 특정 가격에 주식을 매입하는 것을 TOB(주식 공개 매수)라고 합니다. 주로 해당 기업을 인수하거나 모회사가 자회사를 완전자회사화할 때 사용되는 방식입니다.

기업은 TOB를 실시할 때 매수 가격을 함께 발표하는데, 보통 주가도 이 가격에 연동되어 움직이는 경향을 보입니다. TOB를 예정하고 있다는 정보가 언론에 보도되면, 실제 TOB 실시 여부와 예상 매수 가격에 대한 시장의 기대감으로 인해 해당 종목은 전일 대비 높은 가격에 시작했다가 급격한 등락을 보이게 됩니다.

기술적 분석 ①
'상승 지속' 신호

시장 상황을 고려한 종합적인 판단을 하자

지금까지 뉴스 재료를 분석하는 방법을 살펴보았습니다. 이제부터는 드디어 차트 분석 노하우를 소개하겠습니다. 데이 트레이딩에서는 다음 날 주가 움직임이 상승세가 될지, 하락세가 될지 예측하는 것이 매우 중요합니다. 제가 알고 있는 기법 중에서 가장 실용적이고 유용한 내용을 알려드리겠습니다.

물론 이러한 분석은 절대적인 것이 아닙니다. 전반적인 시장 상황이 양호할 때는 매수 지표(신호)가 유효해지고, 전반적인 시장 상황이 안 좋으면 매도 지표(신호)가 유효해집니다. 실전에서는 이러한 요소들을 종합적으로 고려해서 판단해야 합니다.

그럼 먼저 추세추종적 투자자들을 위해 일봉 차트에서 '매수' 타이밍을 포착하는 기술을 알려드리겠습니다.

추세추종적 투자자를 위한 차트 읽는 법

'앞으로 주가가 오를 것이다'라고 예상될 때 매수하면 수익을 내기 쉬운 것은 당연합니다.

이제부터 말씀드릴 지표가 일봉 차트에 나타나면 추세가 하락에서 상승으로 전환되고 있거나(①~③), 또는 뚜렷한 상승 추세를 보이고 있거나(④~⑧), 둘 중 하나라고 생각해도 좋습니다. 즉, 매수할 때가 되었다는 '신호'입니다.

이러한 지표들을 통해 상승 추세를 확인한 후에는, 5분봉 차트에서 급등이 시작될 때나 시장 상황에 따라 갭 하락으로 낮은 가격에 시작했지만 반등 조짐을 보일 때 매수하는 것이 좋습니다. 또는 이런 상승세 지속 신호가 다음 날 나타날 것을 예상해 미리 매수하는 방법도 있습니다.

그러면 이제 여덟 가지 매수 신호를 살펴보도록 합시다.

① 바닥권에서 거래량을 동반한 양봉

주가가 바닥권에서 횡보하다가 어느 날 갑자기 매수세가 유입되면서 거래량을 동반한 상승 패턴을 보이는 경우입니다. 상승장 초기에 자주 나타나는 패턴으로, 하락 위험이 적어 안정적인 매수가 가능하며 바닥권이라는 특성상 상승 여력도 충분합니다.

다만 다음 날 시초가부터 반락하는 경우에는 본격적인 상승세로 전환되기까지 조금 더 시간이 걸릴 수 있으므로 주의가 필요합니다.

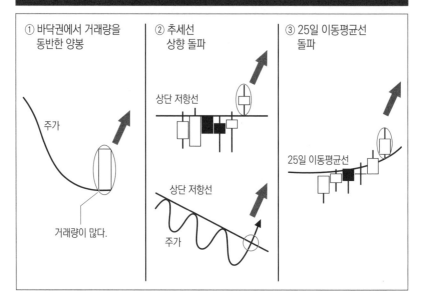

'상승 지속' 신호 ①~③

① 바닥권에서 거래량을 동반한 양봉

주가

거래량이 많다.

② 추세선 상향 돌파

상단 저항선

상단 저항선

주가

③ 25일 이동평균선 돌파

25일 이동평균선

② 추세선(상단 저항선) 상향 돌파

일봉 차트에서 캔들의 고점을 연결한 추세선은 저항선의 역할을 합니다. 주가가 이 저항선을 상향 돌파하면 추세가 전환되어 상승 추세로 바뀌었다고 판단할 수 있습니다.

③ 25일 이동평균선 돌파

일봉 차트에서 저점을 찍은 후 얼마 지나지 않아 종가가 뚜렷하게 25일 이동평균선을 돌파하는 경우, 상승 추세로 전환이 예상됩니다. 5일 이동평균선이 25일 이동평균선을 돌파하는 골든크로스가 발생할 가능성이 있기 때문입니다.

이때 25일 이동평균선 부근에서 얼마나 오랫동안 횡보하며 에너지를

세상에서 제일 쉬운 주가 차트 실전 노트 - 데이 트레이딩 편

축적하는지가 중요한 포인트이므로 횡보 기간과 강도를 면밀하게 살펴봐야 합니다. 만약 횡보 기간이 충분하지 않거나 25일 이동평균선의 기울기가 하락 방향을 유지하고 있다면, 수일 안에 25일 이동평균선을 하향 돌파해 다시 하락세가 이어질 수도 있습니다.

④ 2단 상승

1차 상승 이후 며칠간의 횡보를 거쳐 2차 상승으로 이어지는 패턴을 '2단 상승'이라고 합니다. 주로 5일 이동평균선이 주가를 따라잡을 때 재상승이 일어나며, 2차 상승 이후에는 5일 이동평균선을 깔끔하게 터치하는 형태를 보입니다.

2차 상승은 보통 1차 급등 후 빠르면 2영업일, 늦어도 4영업일 내에 나타납니다. 전일 급등한 종목들을 주시하다가 2단 상승 양상을 보이면 추세추종 매매로 진입하는 것이 기본 전략입니다.

⑤ 가격 저항대(횡보) 상향 돌파

가격 저항대는 주가가 일정 범위 내에서 며칠간 횡보하며 형성됩니다. 가격 저항대를 단번에 돌파하는 경우, 그동안 축적된 에너지가 상방으로 분출되며 '횡보 후 상방 돌파' 현상이 나타납니다. 이때는 하단에 견고한 지지선이 형성되어 리스크가 작기 때문에 적극적인 매수가 가능합니다. 반대의 경우는 '횡보 후 하방 이탈'이라고 합니다.

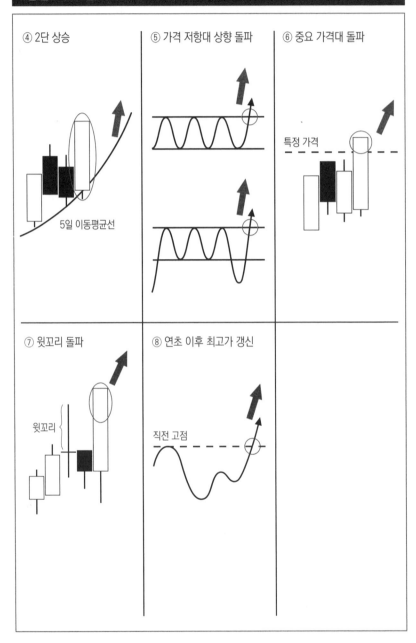

④ 2단 상승

5일 이동평균선

⑤ 가격 저항대 상향 돌파

⑥ 중요 가격대 돌파

특정 가격

⑦ 윗꼬리 돌파

윗꼬리

⑧ 연초 이후 최고가 갱신

직전 고점

⑥ 중요 가격대 돌파

종가 기준으로 중요 가격대를 돌파하는 경우에도 '매수 신호'로 볼수 있습니다. 중요 가격대는 주로 100엔, 200엔, 500엔, 1,000엔, 2,000엔, 5,000엔, 10,000엔 등 심리적 기준점들입니다. 이전 가격대에서 확실하게 저점을 다져놓았다면 바닥이 견고하다는 점에서 매수에대해 안심하고 상승세를 따라갈 수 있습니다. 뒤에서 설명할 '중요 가격대 터치'와 비슷하므로 주의하시기 바랍니다.

중요 가격대 아래에서 횡보를 지속했다면 중요 가격대를 돌파할 에너지를 축적하고 있는 것입니다. 반면 횡보 기간이 없거나 짧은 경우에는 중요 가격대를 완전히 돌파하지 못하고 한 번 터치한 후 하락하는 '중요 가격대 터치' 현상이 나타날 수 있습니다.

⑦ 윗꼬리 돌파

거래량을 동반한 긴 윗꼬리는 보통 상승세에서 하락세로 전환되는신호로 해석됩니다. 그러나 다음 날 이후 이 윗꼬리를 강하게 돌파한다면 그만큼 강한 매수 압력이 존재한다는 것을 의미합니다. 즉, 이 '윗꼬리 돌파' 현상도 전날까지의 주가 흐름에 따라 '매수' 신호 중 하나가 될수 있습니다.

⑧ 연초 이후 최고가(신고가) 경신

연초 이후 최고가 경신도 매우 강력한 매수 신호입니다. 이 신호가 나타나면 추가 상승으로 이어지는 경우가 많습니다. 해당 연도에 주식을매수한 모든 투자자들이 수익 구간에 있기 때문에, 전반적으로 강세장을 기대할 수 있기 때문입니다.

다만 주의할 점은 앞서 설명한 지표 중 ⑥~⑧은 주가가 고점 구간에서 나타나는 현상이므로 그만큼 리스크도 매우 크다는 것입니다. 이 점을 반드시 명심하시기 바랍니다.

기술적 분석 ②
'하락' 신호

공매도할 때 차트 읽는 법

이제 주가가 하락 추세에 있음을 보여주는 지표들을 살펴보겠습니다. 이러한 지표들은 그 자체로 매수 신호가 되지는 않지만, 전날까지 이런 지표가 나타났다면 장중(시가와 종가 사이) 횡보 후 공매도 기회가 될 수 있습니다. 특히 바닥 이탈 같은 현상이 발생했다면, 시가 형성 시점부터 공매도를 시도해볼 수 있습니다.

또한 이후 설명할 하락장에서의 역추세 매수 전략에도 활용할 수 있으므로, '하락장에서 매수 기회'를 노리는 역추세 투자자는 그런 의미에서도 이러한 지표들을 주목해둘 필요가 있습니다.

① 5일 이동평균선 하향 돌파

종가가 5일 이동평균선을 하회하는 것은 전형적인 '하락' 신호입니다. 그러나 5일 이동평균선은 '상단 저항선'으로서의 기능은 다소 약하기 때문에 과신해서는 안 됩니다. 언제든 반등할 가능성이 있기 때문입니다. 공매도 시에는 5일 이동평균선이 우하향으로 전환된 이후에 진입하는 것이 실패를 줄이는 방법입니다.

② 25일 이동평균선 하향 돌파

종가가 25일 이동평균선을 하회하는 것 또한 전형적인 '하락' 신호입니다. 이후 수일 내에 25일 이동평균선의 기울기가 하향으로 전환된다면 확실한 하락 추세로 판단해도 좋습니다. 이런 경우, 다음 날은 공매도 기회라고 생각하고 기회를 기다리도록 합시다.

③ 바닥 이탈

지금까지 바닥이라고 여겼던 가격대를 더 낮게 하향 돌파하는 현상을 '바닥 이탈'이라고 합니다. 바닥 이탈은 투자자들이 바닥이라고 판단했던 지점이 실제 바닥이 아님이 드러나면서, 당황한 투자자들의 매도가 몰려 순식간에 하락하는 경우가 대부분입니다. 참고로 제 경험상 진정한 바닥은 대체로 거래량을 동반합니다.

많은 투자자들의 공황 매도가 셀링 클라이맥스(대량 매도로 인한 급격한 가격 하락)를 형성하고, 이후 하락이 멈추면서 반등하는 경우가 비교적 많습니다. '거래량이 동반되어야 진정한 바닥이다', 기본적으로 이렇게 생각하시면 좋습니다.

반면 거래량이 미미한 '바닥 이탈'은 주의가 필요합니다. 차트상 바닥처럼 보이더라도 연이어 바닥 이탈이 발생하고, 다시 바닥이 형성된 것처럼 보였다가 또다시 이탈하는 이른바 '가짜 바닥' 현상이 나타날 수 있으니 각별히 주의하시기 바랍니다.

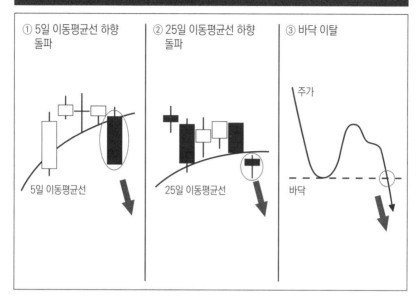

④ 거래량을 동반한 긴 윗꼬리

고가 구간에서 거래량을 동반한 긴 윗꼬리가 출현하는 경우, 상승 추세가 하락 추세로 전환되는 신호로 볼 수 있습니다. 이는 앞서 '매수' 신호에서도 이미 언급했던 내용입니다.

⑤ 이중천장(쌍봉) 형성

주가가 비슷한 수준의 고점에서 두 차례 저항을 받아 형성되는 차트 패턴을 '이중천장(쌍봉)'이라고 합니다. 반대로 이중바닥(쌍바닥) 패턴은 하락 추세에서 상승 추세로 전환되는 신호인데, 이 패턴은 뒤에서 자세히 다루도록 하겠습니다.

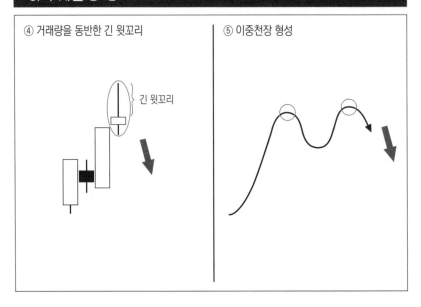

④ 거래량을 동반한 긴 윗꼬리

긴 윗꼬리

⑤ 이중천장 형성

기술적 분석 ③
'반등' 신호

역추세 투자자를 위한 차트 읽는 법

'주식은 하락하고 있을 때 산다'라는 역추세 투자자를 위해 하락 추세의 주가가 반전되는 신호를 소개하겠습니다.

① 25일 이동평균선 하단 터치

상승세를 보이던 종목이 본격적인 조정 국면에 들어선 후 하단의 25일 이동평균선에 닿는 경우입니다. 특히 오랜만에 터치하는 경우, 25일 이동평균선은 매우 강력한 지지선 역할을 하게 됩니다. 가장 대표적인 반등 패턴으로 볼 수 있습니다.

② 갭 메우기 완료

일봉 차트에서 발생한 하방 갭이 메워지면 이를 계기로 주가가 반전하는 경우가 있습니다. 이런 '갭 메우기 완료' 역시 전형적인 반등 패턴입니다. 굉장히 신기한 현상처럼 보이지만 실은 하방 갭 부근까지 주가가 하락하면 '갭은 반드시 메워진다'라는 시장의 공통된 인식이 작용하기 때문입니다. 이때 매도자들은 '갭을 메울 때까지만 매도하자'라는 생각을, 매수자들은 '갭을 메우고 나면 매수하자'라는 생각을 하게 됩니다.

결과적으로 주가가 반등하는 것은 양측 모두 갭 메우기에 성취감을 느끼기 때문일지도 모릅니다.

③ 가격 저항대까지 하락

이전에 가격 저항대를 돌파해 '박스권을 벗어났던' 종목이 다시 가격 저항대까지 하락하는 경우입니다. 앞서 설명했듯이, 하단의 가격 저항대는 강력한 지지선 역할을 하므로 이 구간에서 매수세가 유입되며 반등할 가능성이 큽니다.

④ 2단 하락 이후

2단 상승과 마찬가지로 주가는 하락할 때도 두 단계로 나뉘어 하락하는 경우가 있습니다. 이것을 '2단 하락'이라고 합니다. 리바운드 매수를 노리는 투자가가 첫 번째 하락에서 주가가 충분히 내려왔다고 판단해 서둘러 매수에 나서면서 주가는 일시적으로 하락을 멈춥니다. 하지만 '주가가 오르면 바로 팔아야지'라는 생각을 가진 조급한 사람이 많기 때문에 실제로 주가가 다시 상승하는 경우는 많지 않습니다.

결국 이들 중 일부가 상승의 한계를 느끼고 매도를 시작하면서 두 번째 하락이 시작되고, 이를 본 다른 투자자들의 매도가 가세하며 2단 하락이 발생합니다. 다만 2단 하락 이후에는 조급한 투자자들이 주식을 모두 팔아버린 상태이므로 확실한 반등으로 이어지는 경우가 많습니다. 따라서 역추세 투자자들에게는 좋은 기회가 될 수 있습니다.

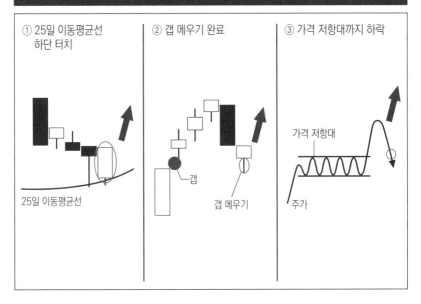

① 25일 이동평균선 하단 터치

25일 이동평균선

② 갭 메우기 완료

갭

갭 메우기

③ 가격 저항대까지 하락

가격 저항대

주가

⑤ 날이 갈수록 하락이 가속화되며 거래량 급증

연일 저가 마감이 이어지는 상황에서 '곧 하락이 멈추겠지'라는 안일한 생각으로 시가에 매수하는 것은 위험합니다. 다만 주가 하락이 날마다 가속화되면서 **거래량도 함께 증가한다면, 이는 셀링 클라이맥스가 임박했다는 신호로** 볼 수 있습니다. 이때는 오전장의 거래량과 주가 변동을 주시하면서 오후장 이후의 반전 여부를 확인해 매수 타이밍을 포착하는 것이 좋습니다. 점심시간에 시황을 점검할 수 있어 장중 시세를 모니터링하기 어려운 사람에게도 유용한 전략입니다. 이러한 현상은 바닥 이탈 후에 자주 볼 수 있습니다.

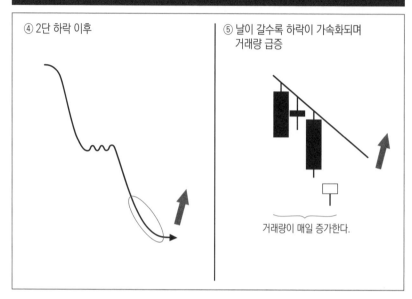

④ 2단 하락 이후

⑤ 날이 갈수록 하락이 가속화되며
거래량 급증

거래량이 매일 증가한다.

⑥ 급락 후 중요 가격대 붕괴

주가 급락 후 중요 가격대가 무너지는 상황은 절호의 매수 기회입니다. 중요 가격대 붕괴라는 심리적 요인과 더불어, 이후 매도세가 약화되는 것이 확인되면 주가가 크게 반등하는 경우가 많습니다.

주가 급락 속도가 빠를수록 반등 가능성과 상승세도 커집니다. 다만 중요 가격대 붕괴 이후에도 하락세가 지속된다면 큰 손실로 이어질 수 있으므로 '하이리스크 하이리턴'이라는 점을 명심해야 합니다.

⑦ 이중바닥(쌍바닥) 형성

주가가 한 번 바닥을 찍고 반등한 후 다시 이전 저점 부근까지 하락했다가 반등하는 패턴을 '이중바닥(쌍바닥)'이라고 합니다. 주가 '반등'의 신호라고 볼 수 있습니다.

 '바닥을 다지다'라는 표현처럼, 저점이 확인되면 투자자들의 심리적 안정감이 높아져 매수세가 유입되는 경향이 있습니다. 이때 차트는 W 자 형태를 그리게 됩니다. 저점에서 두 차례 반등이 일어났기 때문에 해 당 가격대는 당분간 강력한 지지선 역할을 하게 됩니다. 더욱 확실한 바 닥 지표로는 저점을 세 번 형성하는 삼중바닥 패턴도 있습니다.

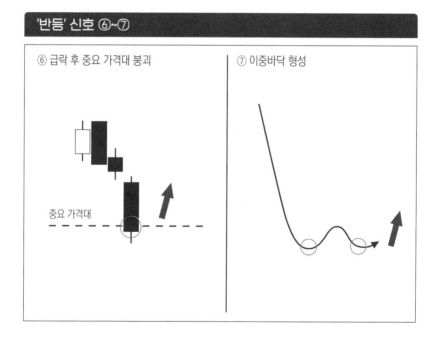

'반등' 신호 ⑥~⑦

⑥ 급락 후 중요 가격대 붕괴

중요 가격대

⑦ 이중바닥 형성

당일 전략 ①
'매수' 타이밍

매수 기회를 놓치지 않기 위해

자, 이제 차트상의 기술적 분석은 모두 익히셨을 것입니다.

그렇다면 이러한 분석들을 어떻게 활용해서 '매수'와 '공매도' 타이밍을 포착하면 좋을까요? 이제부터 앞서 설명한 일봉 차트 패턴을 바탕으로, 당일 일봉 차트를 분석하면서 어떤 투자 판단을 내려야 할지 살펴보도록 하겠습니다.

먼저, 전형적인 '매수' 신호부터 알아보겠습니다. 장중에 이러한 신호가 포착되면 매수하는 것이 기본 전략입니다.

① 전날 급등 종목의 시장 분위기로 인한 갭 하락(역추세 매매 기회)

전일 급등했던 종목이 다음 날 전반적인 시장 분위기의 영향으로 인해 갭 하락으로 출발하는 경우, 이는 전형적인 '매수' 패턴입니다. 상당한 용기가 필요한 매매지만 의외로 성공 확률이 높습니다. 시가에 바로 매수하거나, 시가 이후 추가 하락폭이 크지 않은 것을 확인한 후 매수하는 것이 기본 전략입니다. 잘만 하면 갭 하락 출발 시점부터 급등이 시작되어 단시간에 큰 수익을 얻을 수 있습니다.

다만 주가가 즉각적인 상승세를 보이지 않는다면 빠르게 손절하는 것이 좋습니다. 시초가 최고가 이후 하락세 패턴(장 시작 직후 당일 최고가를 찍고 이후 계속 하락하는 패턴)이 나타날 위험이 있기 때문입니다.

② 지금까지 약세였던 종목의 시장 분위기로 인한 갭 하락과 추가 하락

전날까지 갭을 형성하지 않고 하락세를 보이던 종목이 시장 분위기 악화로 큰 갭 하락을 보일 때는 매수 기회가 될 수 있습니다. 기존의 상승 종목을 매수하는 것보다 하락 위험이 더 작다고 판단되어 부정적인 시장 분위기 속에서도 역행해서 상승하는 패턴입니다.

다만 이 전략은 어디까지나 전체적인 시장 분위기로 인한 갭 하락에만 적용해야 합니다. 개별적인 이슈로 인한 갭 하락은 전제조건 자체가 다르기 때문에 이 전략을 적용하기 어렵습니다.

③ 5일 이동평균선 하단 터치

역추세 투자를 기본 전략으로 삼을 경우, 가장 자주 사용하는 전략이 이 '5일 이동평균선 하단 터치'입니다. 급등했던 주가가 일시적으로 하락해서 하방의 5일 이동평균선을 터치할 경우, 앞서 설명했던 잠정 5일 이동평균선을 개념을 활용해 매매 전략을 세워봅시다.

④ 전일 캔들과의 갭 메우기

당일 시가가 갭 상승했을 때는 이후 주가가 반락해 전일 고가와의 갭을 메우는 경우가 종종 있습니다. 반대로 갭 하락 시에는 주가가 반등해 전일 저가와의 갭을 메우기도 합니다. 이러한 갭 메우기 현상은 유용한 거래 기회를 제공합니다. 물론 시장 상황이나 뉴스 등의 요인에 따라 달라질 수도 있지만, 데이 트레이딩의 기본 전략이라고 생각해도 좋을 것입니다.

⑤ 중요 가격대 돌파

앞서 말씀드렸듯이, 일봉 차트에서 '중요 가격대 돌파'는 추가 상승의 신호입니다. 장중에 중요 가격대를 돌파하는 것 역시 기본적으로 '매수' 포인트로 삼을 수 있는 패턴입니다. 다만 주의할 점이 있습니다. 중요 가격대에 도달했다는 심리적 달성감으로 인해 오히려 주가가 일시적으로 하락하는 '중요 가격대 터치' 현상도 자주 발생한다는 점입니다. 특히 급등세를 보이던 종목일수록 이러한 경향이 더욱 두드러집니다.

중요 가격대 부근에서는 매수세와 매도세가 교차하므로, 성급하게 매매하기보다는 잠시 관망하며 추세를 살펴보는 여유를 갖는 것이 좋습니다.

당일 전략 ②
'공매도' 타이밍

크게 하락할 때는 '신용 매도' 기회

다음은 '공매도' 타이밍에 대해 알아보겠습니다.

만약 당일 캔들이 다음과 같은 형태를 보인다면, 공매도 기회가 있는지 주의 깊게 살펴봅시다.

① 5일 이동평균선 상단 터치(상향 터치)

이미 여러 번 말씀드렸듯이, 이동평균선은 매우 중요한 지표입니다. 이동평균선이 저항선 역할을 하기 때문에, 주가가 이를 터치하는 시점을 '매도' 타이밍으로 포착하는 것은 효과적인 전략입니다. 특히 주가가 아래에서 상승해 상단의 5일 이동평균선을 터치하는 순간이 대표적인 매도 포인트입니다. 이때 앞서 설명해드린 잠정 5일 이동평균선 개념을 적극적으로 활용하시기 바랍니다. 이러한 전략은 특히 일봉 차트상 하락 추세를 보이는 종목에서 더욱 강력한 효과를 발휘합니다.

② 25일 이동평균선 터치(상향 터치)

이 전략은 25일 이동평균선에도 동일하게 적용할 수 있습니다. 하락

후 반등해서 상승 중인 종목이 상단의 25일 이동평균선을 터치하는 경우, 공매도를 시도해봐도 좋습니다. 25일 이동평균선은 강력한 저항선으로 작용하기 때문에 주가가 당일 처음으로 이 선을 터치할 경우, 상승세에 제동이 걸릴 확률이 매우 높습니다. 특히 25일 이동평균선의 기울기가 하락세를 보일 때는 이 전략의 성공 가능성이 더욱 커집니다.

③ 급등 후 추가적인 갭 상승(큰 폭)

지금까지 갭을 형성하지 않고 상승한 종목이 큰 갭을 만들며 갭 상승으로 시작하는 경우입니다. 시가는 물론 매우 높게 형성되지만, 장 시작 이후에는 그동안 주가가 상승했던 것에 대한 경계심리가 작용해, 갭을 메우려는 움직임이 나타나면서 주가가 하락 압력을 받게 됩니다.

장 시작부터 약 20분까지는 공매도 전략이 유효한 패턴입니다.

④ 중요 가격대 터치

지속적인 상승 추세를 보이는 상황에서도 견고한 성벽처럼 상승을 막아서는 역할을 하는 것이 바로 '중요 가격대 터치'입니다. 앞서 설명해드렸듯이 100엔, 200엔, 500엔, 1,000엔, 2,000엔, 5,000엔, 10,000엔 등이 이러한 중요 가격대로 작용합니다.

공매도를 시도할 때는 '중요 가격대 돌파'와의 차이점을 잘 생각하며 접근하도록 합시다.

당일 전략 ③
OUT 타이밍

이익 실현과 손절매는 등락률과 저항선이 기준

지금까지는 매수나 공매도와 같은 'IN' 신호에 대해 알아보았습니다. 데이 트레이딩이든 스윙 트레이딩이든 익숙해지면, 'IN' 타이밍은 점차 파악할 수 있습니다. 그리고 그다음으로 고민하게 되는 것은 바로 거래를 청산하는 시점, 즉 'OUT' 타이밍입니다. 장 마감 때 어차피 정리해야 되니까 괜찮다고 안일하게 생각해서는 안 됩니다.

데이 트레이딩을 포함해 모든 거래에서 'OUT' 타이밍은 투자자마다 접근 방식이 다릅니다. 이익 폭이 작더라도 승률을 높이려는 투자자는 빈번하게 OUT을 반복할 것이고, 승률이 다소 낮더라도 한 번의 거래에서 큰 이익을 추구하는 투자자는 최대한 OUT을 늦출 것입니다. 이처럼 'OUT' 타이밍은 개인의 투자 스타일에 따라 크게 다른 양상을 보입니다. 따라서 중요한 것은 자신만의 'OUT' 규칙을 정립하는 것입니다.

이제부터 제가 실제 사용하는 청산 전략들을 소개해드리도록 하겠습니다.

매수한 주식이 예상대로 상승해서 '이익 실현 매도'를 하는 것이 가장 바람직한 OUT 형태입니다. 이익 실현 매도의 일반적인 규칙은 주가 흐름, 상승률, 상단 저항선 등의 추세선을 기준으로 판단합니다. 구체적으로는, '상승이 멈추면 판다', '1% 상승하면 판다', '이 주가까지 상승하면 판다' 등이 일반적입니다.

매수 포지션에서 이익 실현을 할 때는 앞서 설명한 공매도 타이밍 전략도 활용할 수 있다는 점을 참고하시기 바랍니다. 매수한 주식이 예상과 달리 하락할 경우, '손절매' 역시 OUT의 한 형태입니다.

손절매 규칙은 이익 실현과 반대 케이스지만 가격 폭, 하락률, 추세선을 기준으로 삼는 것은 동일합니다. 예를 들면, '1% 하락하면 판다', '이 저항선을 하향 돌파하면 판다', '이 주가까지 하락하면 판다' 등을 규칙으로 생각할 수 있습니다.

5일 이동평균선 하향 돌파 등을 철수 조건으로 삼는 경우도 있다

포지션을 장기 보유하다 보면 예측이 기대로 바뀌어 정상적인 판단을 할 수 없게 되는 경우가 있습니다. 이익이 발생하면 다행이지만 판단력이 흐려져서 대부분 손실을 입게 됩니다.

따라서 이익도 손실도 없는 본전 상태라도 초기에 예외적인 '청산 매도'를 하는 것이 좋습니다. 반대로 주식을 더 오래 보유하고 싶다면, 5일 이동평균선이나 25일 이동평균선 하향 돌파를 예외적인 청산 조건으로 설정하고 상황을 지켜보는 방법도 있습니다.

자신의 투자 스타일에 맞는 규칙을 세우는 것도 중요하지만, 더욱 중요한 것은 유연한 OUT 규칙을 세우고 이를 철저히 준수하는 것입니다. 또한 보유 주식을 한 번에 모두 청산하기보다는, 절반은 이익 확정하고 나머지는 계속 보유하는 방법도 있습니다. 리스크를 줄이고 싶은 분들께 추천해드립니다.

익숙해지면 도전해보고 싶은 물타기

매수한 주식이 하락했을 때 더 낮은 가격에 한 번 더 추가 매수하는 것을 '물타기'라고 합니다. 물타기의 장점은 평균 매수 단가를 낮출 수 있다는 것입니다. 최초 매수가까지 회복되지 않더라도 어느 정도 반등한 시점에 매도하면 손실을 피할 수 있습니다.

반면 주가가 반등하지 않고 지속적으로 하락할 경우 손실이 더욱 커질 수 있다는 위험도 있습니다. 실제로 물타기를 금기시하는 투자자도 많으므로 여러분도 이를 자신의 투자 규칙에 포함시킬지의 여부는 신중하게 검토해보시기 바랍니다.

참고로 저는 물타기를 단 한 번으로 제한하고, 실행 시 반드시 손절매 라인도 함께 설정하는 것을 원칙으로 삼고 있습니다. 사용할 포인트만 잘못 잡지 않으면 물타기는 데이 트레이딩에서도 효과적인 전략이 될 수 있습니다. 특히 당일 안에 반등할 가능성이 있다면 상당한 성과를 기대할 수 있습니다. 다만 다음 자료처럼 가격 제한폭 하한선에 매도세가 몰리는 '하한가 종가'[5] 상황에서는 데이 트레이더가 대응할 수 있는 방법이 없습니다. 따라서 데이 트레이더는 가격 제한폭에 도달하기 전에 신속한 손절매를 할 수 있도록 준비해야 합니다.

사이보즈(4776)	도쿄증권 ▼			가동	자동 경신 OFF
		매도 잔량	호가		매수 잔량
현재가	**44,150** ↓	70	44,500		
전일비	−4,000 (−8.31%) (09/10/22 12:38)	20	44,400		
시가	48,200 (09:00)	3	44,300		
고가	51,900 (09:03)	155	44,200		
저가	44,150 (10:14)	2,785 특	44,150		
전일 종가	48,150 (09/10/21)		44,150		261
거래량	14,586 (12:38)		--		
매매대금	677,763 (천 엔)		--		
제한값폭	44,150 ~ 52,200 (09/10/22)		--		
매매 단위	1				

---

5) 하한가 종가 : 주가가 하한가까지 하락해 그 가격에서 거래가 이루어지지만 더 이상 가격이 상승하지 않는 상태

PART
04

데이 트레이딩을
마스터하기 위한
차트 실전 트레이닝

매수와 매도 판단은 실제로 시행착오를 겪으며 단련하는 것이 가장
효과적입니다. 이번 장에서는 최근 시장에서 실제로 볼 수 있었던
36가지 차트 패턴을 소개해드립니다. 먼저 자신만의 시나리오를 그
려본 후, 해설 편의 차트 패턴과 비교해보시기 바랍니다.

문제를 원활하게 풀기 위해서

PART 04에서는 드디어 여러분이 직접 차트 문제를 풀어보도록 하겠습니다. 데이 트레이딩 전략은 다음 네 가지 요소에 의해 결정됩니다.

A. 전날까지의 차트
B. 뉴스 재료
C. 시장 분위기
D. 매수와 매도의 수급

이 중 D의 '수급'은 대부분 다른 세 가지 요소에 의해 발생하기 때문에 이 책에서는 A~C를 주요 판단 재료로 다루고 있습니다. 따라서 각 문제는 다음 페이지와 같은 구성으로 이루어져 있습니다. 먼저 문제를 읽고 취지를 잘 파악해보세요.

다음으로 '차트'와 하단에 실린 '뉴스 재료', '시장 분위기' 등 판단 재료를 종합적으로 분석해 해당 종목의 당일 등락을 예측하고, 이를 바탕으로 자신의 투자 전략을 세워보시기 바랍니다.

문제에는 상승 사례뿐만 아니라 큰 폭의 하락 사례, 그리고 'IN' 하지 않는 것이 좋겠다고 판단되는 차트도 포함되어 있습니다. 따라서 각 문제에 대한 기본적인 답변은 '매수를 노린다', '공매도를 노린다', '상황을 지켜본다' 중 하나가 될 것입니다.

"이 재료라면 상승할 것 같으니까 '매수'해야겠다."

"전날까지 흐름이 좋지 않으니까 '공매도'로 접근해야지."

"뚜렷한 신호가 없으니 '관망'해야겠군."

이렇게 자신의 의지로 명확한 판단을 내리시기를 바랍니다.

해답과 해설은 책 뒷부분에 수록되어 있습니다. 각 문제 하단에 해당 페이지 수가 표시되어 있으니 참고하시기 바랍니다.

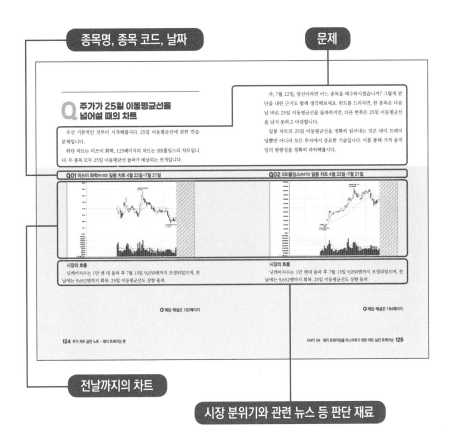

종목명, 종목 코드, 날짜

문제

주가가 25일 이동평균선을 넘어설 때의 차트

우선 기본적인 것부터 시작해봅시다. 25일 이동평균선에 관한 연습 문제입니다.

하단 차트는 미쓰이 화학, 125페이지의 차트는 SBI홀딩스의 차트입니다. 두 종목 모두 25일 이동평균선 돌파가 예상되는 전개입니다.

자, 7월 22일, 당신이라면 어느 종목을 매수하시겠습니까? 그렇게 판단을 내린 근거도 함께 생각해보세요. 힌트를 드리자면, 한 종목은 다음 날 바로 25일 이동평균선을 돌파하지만, 다른 한쪽은 25일 이동평균선을 넘지 못하고 마감합니다.

일봉 차트의 25일 이동평균선을 정확히 읽어내는 것은 데이 트레이딩뿐만 아니라 모든 투자에서 중요한 기술입니다. 이를 통해 가격 움직임의 방향성을 정확히 파악해봅시다.

Q01 미쓰이 화학(4183) 일봉 차트 4월 22일~7월 21일

Q02 SBI홀딩스(8473) 일봉 차트 4월 22일~7월 21일

시장의 흐름
닛케이지수는 1만 엔 대 돌파 후 7월 13일 9,050엔까지 조정되었으며, 전날에는 9,652엔까지 회복. 25일 이동평균선도 상향 돌파.

시장의 흐름
닛케이지수는 1만 엔 대 돌파 후 7월 13일 9,050엔까지 조정되었으며, 전날에는 9,652엔까지 회복. 25일 이동평균선도 상향 돌파.

◐ 해답 해설은 182페이지

◐ 해답 해설은 184페이지

124 주가 차트 실전 노트 - 데이 트레이딩 편

PART 04 · 데이 트레이딩을 마스터하기 위한 차트 실전 트레이닝 125

전날까지의 차트

시장 분위기와 관련 뉴스 등 판단 재료

Q 주가가 25일 이동평균선을 넘어설 때의 차트

우선 기본적인 것부터 시작해봅시다. 25일 이동평균선에 관한 연습 문제입니다.

하단 차트는 미쓰이 화학, 125페이지의 차트는 SBI홀딩스의 차트입니다. 두 종목 모두 25일 이동평균선 돌파가 예상되는 전개입니다.

Q01 미쓰이 화학(4183) 일봉 차트 4월 22일~7월 21일

시장의 흐름

닛케이지수는 1만 엔 대 돌파 후 7월 13일 9,050엔까지 조정되었으며, 전날에는 9,652엔까지 회복. 25일 이동평균선도 상향 돌파.

▶ 해답·해설은 182페이지

자, 7월 22일, 당신이라면 어느 종목을 매수하시겠습니까? 그렇게 판단을 내린 근거도 함께 생각해보세요. 힌트를 드리자면, 한 종목은 다음 날 바로 25일 이동평균선을 돌파하지만, 다른 한쪽은 25일 이동평균선을 넘지 못하고 마감합니다.

일봉 차트의 25일 이동평균선을 정확히 읽어내는 것은 데이 트레이딩뿐만 아니라 모든 투자에서 중요한 기술입니다. 이를 통해 가격 움직임의 방향성을 정확히 파악해봅시다.

Q02 SBI홀딩스(8473) 일봉 차트 4월 22일~7월 21일

시장의 흐름

닛케이지수는 1만 엔대 돌파 후 7월 13일 9,050엔까지 조정되었으며, 전날에는 9,652엔까지 회복. 25일 이동평균선도 상향 돌파.

▶ 해답·해설은 184페이지

Q 주가가 25일 이동평균선을 돌파한 직후의 차트

다음은 25일 이동평균선을 돌파한 후의 상황을 생각해봅시다.

하단 차트는 미쓰미 전기, 127페이지의 차트는 캐논의 차트입니다.

둘 다 25일 이동평균선을 돌파한, 우리 데이 트레이더들에게는 매우 신경 쓰이는 차트입니다. 하지만 25일 이동평균선을 돌파했다고 해

Q03 미쓰미 전기(6767) 일봉 차트 4월 22일~7월 21일

시장의 흐름

닛케이지수는 눌림목을 형성하며 1만 엔으로 회복하는 바닥이 견고한 전개.

▶ 해답·해설은 186페이지

서 '다음 날도 상승세일 테니 매수 기회'라고 생각하는 것은 잘못입니다. 다음 날 어떤 움직임을 보일지 각자 예측해보시기 바랍니다. 힌트를 드리자면, 최근 큰 재료가 부재한 상황이므로 일봉 차트에서 각 종목의 '에너지'를 정확히 읽어내는 것이 중요합니다.

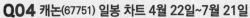

Q04 캐논(67751) **일봉 차트 4월 22일~7월 21일**

최근 재료
7월 말경에 중간결산 발표 있음.
시장의 흐름
닛케이지수는 눌림목을 형성하며 1만 엔으로 회복하는 바닥이 견고한 전개.

▶ 해답·해설은 188페이지

Q 횡보 후의 차트

이번에는 '횡보' 차트 패턴을 연습해봅시다.

하락 후 바닥에서 횡보하고 있는 종목과 크게 상승한 후 횡보하는 종목, 이 두 종목을 각각 소개합니다.

혼다 기연은 갭을 벌리며 25일 이동평균선을 하향 돌파한 후, 2,600엔

Q05 혼다 기연(7267) 일봉 차트 4월 8일~7월 7일

시장의 흐름

닛케이지수는 3일 전 25일 이동평균선을 하향 돌파했으며, 현재 시장 분위기가 좋지 않은 상황. 여기에 미국 시장의 약세까지 더해져 큰 폭의 갭 하락 예상.

▶ 해답·해설은 190페이지

부근을 맴돌고 있습니다. 전형적인 하락 후 바닥에서의 횡보입니다.

한편 JFE홀딩스는 5일 전에 25일 이동평균선을 돌파한 후 가격이 상승하다가 최근 3일간 3,300엔 부근에서 횡보하고 있습니다. 이쪽은 고점에서의 횡보입니다.

이 두 종목의 다음 날 주가 움직임을 예상하고, 데이 트레이딩 전략을 세워보세요.

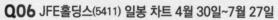

최근 재료

6월의 조강(粗鋼) 생산량이 전월 대비 6% 증가하며 3개월 연속 증가(7월 21일).

24일 닛케이 조간에서는 4~6월은 600억 엔 전후의 적자라는 보도.

시장의 흐름

닛케이지수는 두 차례의 조정을 거쳐 전날 올해 세 번째로 1만 엔에 도달했으며 전반적으로 강세를 보이는 중.

▶ 해답·해설은 192페이지

Q 바닥 이탈 후의 차트, 2단 상승 후의 차트

이번에는 '바닥 이탈'과 '2단 상승'이라는 두 가지 차트 패턴을 학습해봅시다.

미쓰이 상선은 해운업계 전반의 약세로 인해 바닥을 이탈한 후, 하락세가 더욱 가속화되고 있습니다. 다음 날은 미국 시장의 영향을 받아 갭

Q07 미쓰이 상선(9104) 일봉 차트 4월 8일~7월 7일

최근 재료

해운주의 움직임과 강한 상관관계가 있는 발틱해운지수(외항 벌크선의 국제운임지표)는 6월 18일 고점을 찍은 후 하락 중.

시장의 흐름

닛케이지수는 3일 전에 25일 이동평균선을 하향 돌파한 이후 지수 분위 시장 분위기가 좋지 않고, 미국 시장의 하락 기조를 받아 다음 날 큰 폭의 갭 하락이 확실.

▶ 해답·해설은 194페이지

하락이 예상됩니다.

한편 올림푸스는 2단 상승을 달성한 직후 전날 2,600엔을 크게 돌파했습니다. 그리고 미국 시장의 호조와 호재를 받아 다음 날 큰 폭의 갭 상승이 확실해 보입니다. 이 두 종목의 다음 날 주가 움직임을 예측하고 어떤 전략으로 시장에 접근해야 할지 신중히 검토해봅시다.

Q08 올림푸스(7733) 일봉 차트 4월 30일~7월 30일

최근 재료

31일 닛케이 신문 조간에서 실적 회복에 따라 4~9월기 실적이 상향 수정될 가능성이 크다고 보도.

시장의 흐름

닛케이지수는 지난 4영업일 동안 1만 200엔 부근에서 횡보했지만, 미국 시장의 호조를 받아 다음 날 갭 상승이 확실.

▶ 해답·해설은 196페이지

Q 갭 메우기와 추세 전환 시의 차트

이번에는 일봉 차트에서 갭을 메운 후의 움직임, 그리고 고가권에서의 횡보 후 반전하는 움직임을 문제로 내보겠습니다.

JT는 최근 닛케이지수의 강세와는 반대로 하락세를 이어왔습니다. 하지만 전날 5월 중순의 갭을 메웠고, 다음 날은 전반적인 시장 분위기

Q09 일본담배산업(2914) 일봉 차트 4월 27일~7월 25일

최근 재료

담배 조달 기반을 강화하기 위해 브라질의 잎담배 공급 회사 인수를 발표.

시장의 흐름

닛케이지수는 13일에 9,050엔으로 바닥을 찍은 후, 지난 영업일인 24일에는 9,950엔까지 상승. 27일은 1만 엔을 넘어 시작될 것으로 예상.

▶ 해답·해설은 198페이지

의 영향으로 갭 상승이 예상됩니다.

일본판유리는 전날 사장인 스튜어트 챔버스(Stuart Chambers) 씨가 가정 사정으로 인해 사임을 발표했습니다. 고가권에서 횡보를 이어왔던 만큼 이를 계기로 추세 전환이 예상됩니다.

이 두 종목의 향후 주가 움직임을 예측하고, 다음 날 투자 시나리오를 그려보세요.

Q10 일본판유리(5202) 일봉 차트 5월 22일~8월 27일

최근 재료

챔버스 사장 사임 발표(26일 장 마감 후). 전문가에 따르면 영향이 클 것이라고 함. 또한 크레딧스위스 증권이 목표 주가 상향 조정.

시장의 흐름

닛케이지수는 26일에 올해 최고가인 1만 639엔으로 마감. 하지만 다음 날인 27일은 갭 하락으로 출발할 가능성이 큼.

▶ 해답·해설은 200페이지

Q 호재 발표 직후 갭 상승과 그때의 공략법

이제부터는 좀 더 현실적인 차트 분석을 연습할 수 있도록 구체적인 뉴스 재료도 곁들여보겠습니다.

먼저, 매우 강력한 호재가 나온 경우를 문제로 다루어봅시다.

하단의 차트는 미쓰비시 레이온의 TOB가 보도되기 전날까지의 차트

Q11 미쓰비시 레이온(3404) 일봉 차트 5월 8일~8월 7일

최근 재료

10일 자 닛케이 신문 조간에 따르면 미쓰비시 케미컬 홀딩스가 TOB를 통해 미쓰비시 레이온을 인수해 완전 자회사화하는 방향으로 조정 중이며, 연내 합의를 목표로 삼고 있다고 한다. 인수 규모는 1,500~2,000억 엔(8월 10일 아침)으로 예상.

또한 2009년 9월 중간기 연결 결산 예상에서 영업 손익은 15억 엔 흑자에서 46억 엔 적자로, 당기손익은 5억 엔 적자에서 70억 엔 적자로 하향 수정(7일 장 마감 후).

▶ 해답·해설은 202페이지

입니다. 이 페이지의 하단 차트는 소비자금융 아이풀의 차트입니다. 증권사의 투자 의견 상향 조정이 이루어지기 전날까지의 차트를 실었습니다.

아침부터 이런 호재가 나오면 장 시작 전부터 매수세가 몰립니다. 큰 폭의 갭 상승(전일 대비 +10% 초과 정도)은 틀림없습니다.

이 두 종목의 가격이 다음 날 어떻게 움직일지 예측하고 투자 전략을 세워보세요.

Q12 아이풀(8515) 일봉 차트 3월 30일~6월 29일

최근 재료

골드만삭스가 목표 주가를 270엔(중립)에서 580엔(매수)으로 상향 조정(전일 종가 310엔) (6월 30일 아침).

시장의 흐름

닛케이지수는 6월 중순에 1만 엔을 돌파한 후 9,500엔 부근까지 조정을 받았으며, 다시 1만 엔 돌파에 도전 중.

▶ 해답·해설은 204페이지

Q 호재 발표 직후 갭 하락과 그때의 공략법

다음은 호재 발표 후 갭 하락으로 시작하는 경우에 대비한 트레이닝입니다. 호재로 인한 급등 후 시장 분위기의 영향을 받아 갭 하락으로 출발하는 경우가 있는데, 이번에는 그런 케이스를 연습해봅시다.

하단의 차트는 후지필름의 차트입니다. 이 종목은 증권사가 상향 조

Q13 후지필름 홀딩스(4901) 일봉 차트 4월 3일~7월 2일

최근 재료

6월 30일 미즈호 증권이 투자 의견을 '3'에서 '1'로, 목표 주가를 5,000엔으로 상향 조정.

시장의 흐름

닛케이지수는 1만 엔 도달 후 두 번째 천장을 만들고 전날 25일 이동평균선을 하향 돌파해 9,900엔 부근. 다음 날 갭 하락 확실.

▶ 해답·해설은 206페이지

정 정보를 발표해서 며칠 전 주가가 급등했습니다.

이 페이지의 하단 차트는 미쓰비시 중공업 차트입니다. 이 회사는 전날 리튬전지 사업 진출을 발표했습니다. 리튬전지는 현재 각광받는 하이브리드 자동차에 사용되고 있어 장래성이 높은 사업 분야입니다.

세계 시장의 영향으로 다음 날 시장 분위기가 다소 좋지 않아 두 종목 모두 갭 하락으로 시초가가 형성될 것이 확실합니다. 이후의 움직임을 예측하고 다음 날의 시나리오를 그려보세요.

Q14 미쓰비시 중공업(7011) 일봉 차트 5월 27일~8월 24일

최근 재료

전날 8월 26일 대용량 리튬 전지 사업에 진출, 2013년 양산 개시 목표를 발표.

시장의 흐름

닛케이지수는 1만 600엔까지 상승 후 1만 140엔 부근에서 지지선을 형성하고 1만 500엔으로 되돌아온 상태. 다음 날 갭 하락 확실.

▶ 해답·해설은 208페이지

Q 실적 발표와 등급 변동 시 차트

이번에는 지금까지 여러 번 등장했던 등급에 대해 조금 생각해봅시다.

하단의 스즈키와 139페이지의 소니 차트, 둘 다 전날 실적 발표가 있었고, 비교적 좋은 실적이라고 보도되었습니다.

Q15 스즈키(7269) 일봉 차트 5월 7일~8월 3일

최근 재료

8월 3일 장 마감 후 분기 실적 발표. 영업 이익은 주요 애널리스트 6명이 평균 29억 엔으로 예측했으나 68억 6,100만 엔. 다만 전년 동기 대비 79.7% 감소.

연간 예상 대비 4~6월 진척률은 70%에 달하지만, 인도 이외의 수요 회복과 환율이 불투명하다며 연간 전망은 상향 수정하지 않음.

▶ 해답·해설은 210페이지

다만 한 종목은 등급이 상향 조정되었고, 다른 한 종목은 하향 조정되었습니다. 다음 날 장중에 우리에게도 등급 변동이 알려지겠지만, 여기서는 의도적으로 등급 정보를 숨겨두겠습니다.

여러분도 어느 쪽이 어느 쪽인지, 실적 발표 전날까지의 차트 움직임과 실적 발표 내용을 바탕으로 다음 날 주가 움직임을 예측해보세요.

Q16 소니(6758) 일봉 차트 4월 30일~7월 30일

최근 재료

전날 7월 30일 장 마감 후 분기 실적 발표. 영업 손익이 257억 엔 적자(전년 동기는 734억 엔 흑자)라고 발표. 그러나 구조조정 비용(339억 엔)을 제외하면 전년 동기 대비 67.5% 감소했지만 233억 엔의 흑자였다고 함. 연간 실적 전망은 수정하지 않음.

6월 25일 월별 매출액 발표. 연결 매출액은 전년 동월 대비 6.4% 증가한 75억 6,500만 엔.

▶ 해답·해설은 212페이지

Q 기업이 실적 전망을 상향 수정했을 때의 차트

이어서 실적 예상과 주가의 관계를 살펴보겠습니다.

우리 개인 투자자에게 실적 전망이 공표되는 타이밍은 중요한 투자 기회입니다. 여기서는 실적 전망이 좋은 쪽으로 수정된(=상향 수정된) 사례부터 살펴봅시다.

Q17 다이쿄(8840) 일봉 차트 5월 7일~8월 4일

최근 재료

전일 8월 4일 장 마감 후 2009년 9월 중간 결산(연결) 전망 수정.

매출액	1,570억 엔	→	1,520억 엔
영업 이익	29억 엔	→	53억 엔
경상 이익	13억 엔	→	40억 엔
당기 이익	7억 엔	→	35억 엔

▶ 해답·해설은 214페이지

부동산업을 운영하는 다이쿄는 매출액은 감소했지만, 이익은 대폭 증가했습니다. 아파트 시장이 예상만큼 악화되지 않아 아파트 분양 사업의 이익률이 계획보다 높았기 때문이라고 합니다.

부품 제조업에 NOK도 실적 전망을 대폭 상향 수정했습니다. 하드디스크와 디지털 카메라용 수요가 매우 활발해서 일부 설비는 풀가동 중이라고 합니다.

자, 다음 날 가격 움직임을 예측하고 데이 트레이딩 전략을 생각해봅시다.

Q18 NOK(7240) 일봉 차트 5월 1일~7월 31일

최근 재료

7월 31일 장 마감 후 2010년 3월기 결산(연결) 전망 수정 발표.

매출액	3,840억 엔	→	3,790억 엔
영업 이익	99억 엔	→	△52억 엔
경상 이익	125억 엔	→	△72억 엔
당기 이익	132억 엔	→	80억 엔

▶ 해답·해설은 216페이지

Q 기업이 실적 전망을 하향 수정했을 때의 차트

다음으로 실적 전망이 하향 수정되었을 때의 예를 살펴봅시다.

하단의 차트는 쇼와 쉘석유의 차트로, 이날 장 마감 후 실적 전망 하향 수정이 발표되었습니다. 원인은 경기회복 지연 및 수요 감소 등이라고 합니다.

Q19 쇼와 쉘석유(5002) 일봉 차트 5월 1일~7월 31일

최근 재료

전일 7월 31일 장 마감 후 2009년 12월기 결산 전망(연결) 수정.

매출액	2조 100억 엔 →	2조 1,400억 엔
영업 이익	0 →	△250억 엔
경상 이익	0 →	△270억 엔
당기 이익	0 →	△170억 엔

▶ 해답·해설은 218페이지

이 페이지 하단의 차트는 니콘의 차트와 실적 예상 데이터입니다. 디지털 카메라 판매 호조로 매출액은 상향 수정되었지만, 이익은 대폭 하향 수정되었습니다. 가격 하락과 엔고의 영향이 크고, 또한 반도체용 노광장비의 폐기·평가손실을 계상한 것이 원인입니다.

이 두 종목의 다음 날 주가 움직임을 예측하고 데이 트레이딩 전략을 세워보세요.

Q20 니콘(7731) 일봉 차트 5월 7일~8월 5일

최근 재료

전일 8월 5일 장 마감 후 2010년 3월기 연간 실적 전망(연결) 수정.

매출액	6,800억 엔	→	7,100억 엔
영업 이익	△120억 엔	→	△300억 엔
경상 이익	△160억 엔	→	△360억 엔
당기 이익	△170억 엔	→	△280억 엔

※영업 손익 애널리스트 예측 평균값은 29억 엔 적자

▶ 해답·해설은 220페이지

Q '재료 소멸' 시 차트

이번에는 '재료 소멸'에 대해 학습해보겠습니다. 이미 설명했듯이, 호재나 악재가 나왔다고 하더라도 주가에 이미 반영되어 재료대로 주가가 움직이지 않는 것을 재료 소멸이라고 합니다.

유니클로로 유명한 패스트리테일링과 히타치 건설기계의 일봉 차트

Q21 패스트리테일링(9983) 일봉 차트 4월 8일~7월 9일

최근 재료

전일 7월 9일 장 마감 후 2009년 8월기 연간 실적 전망(연결) 상향 수정.

매출액	6,600억 엔	→	6,820억 엔
영업 이익	1,010억 엔	→	1,080억 엔
경상 이익	950억 엔	→	1,010억 엔
순이익	500억 엔	→	520억 엔

※주요 애널리스트의 영업 이익 예측 평균값 1,091억 엔

▶ 해답·해설은 222페이지

및 결산 전망입니다.

두 종목 모두 사전에 실적 전망 수정이 예상되었던 상황입니다. 따라서 두 종목 모두 '재료 소멸'로 취급될 것으로 예상됩니다.

이 두 종목의 다음 날 주가 움직임을 예측해보시기 바랍니다.

Q22 히타치 건설기계(6305) 일봉 차트 4월 28일~7월 27일

최근 재료

전일 7월 27일 장 마감 후 2010년 3월기 통기 실적 전망(연결) 하향 수정.

매출액	6,200억 엔 →	5,900억 엔
영업 이익	270억 엔 →	240억 엔
경상 이익	200억 엔 →	156억 엔
당기 이익	70억 엔 →	50억 엔

※주요 애널리스트의 영업 이익 예측 평균값 130억 엔

▶ 해답·해설은 224페이지

Q 공모증자 시 공략법

이번에는 '공모증자'를 다루어보겠습니다.

증권업계 2위인 다이와 증권의 공모증자 내용과 차트입니다. 2영업일 전 잔 마감 후 공모증자를 발표했고, 다음 날인 29일은 하한가로 시작해 매도와 매수가 격렬하게 교차하며 상승하는 전개를 보였습니다.

Q23 다이와 증권 그룹 본사(8601) **일봉 차트 3월 30일~6월 29일**

최근 재료

약 4억 주의 공모증자를 실시한다고 발표(26일 장 마감 후). 발행 주식 총수는 현재 주식 수에서 약 24.5% 증가, 아시아 및 신흥국을 중심으로 하는 해외 사업 등과 펀드 출자금으로 사용해 사업 확대에 활용할 계획.

시장의 흐름

다음 날 닛케이지수는 큰 폭의 갭 상승으로 시작할 것으로 예상.

▶ 해답·해설은 226페이지

환경 관련 주의 대표 격인 GS 유아사의 공모증자 내용과 차트입니다. 리튬이온 전지와 연료전지를 제조하는 기업으로, 투자자들 사이에서는 비교적 이름이 알려진 존재입니다. 이 기업은 6월 중순에 고점을 찍은 후 조정을 받는 가운데 공모증자를 발표했습니다.

이 두 종목의 다음 날 주가 움직임을 예측하고 투자 시나리오를 그려 보세요.

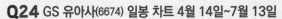

Q24 GS 유아사(6674) 일봉 차트 4월 14일~7월 13일

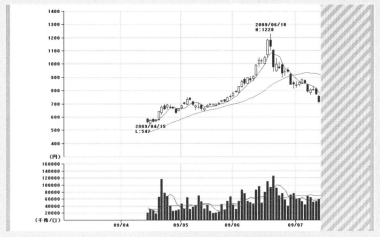

최근 재료

4,000만 주의 공모증자를 발표(13일 장 마감 후). 600만 주의 초과 배정 옵션에 의한 매출을 포함해 최대 약 367억 엔 조달을 예상. 발행 주식 수가 기존 대비 13% 전후 희석화될 전망. 조달 목적은 리튬이온전지 제조를 위한 설비 투자 자금.

● 해답·해설은 228페이지

Q TOB를 이용한 공략법

이번에는 TOB가 주가에 미치는 영향에 대해 생각해봅시다.

히타치 제작소의 차트 및 TOB 보도 내용이 실려 있습니다. 자회사 5개사(히타치 맥셀, 히타치 플랜트, 히타치 소프트웨어, 히타치 시스템)가 TOB 대상이라고 보도되었습니다.

Q25 히타치 제작소(6501) 일봉 차트 4월 28일~7월 27일

최근 재료

27일 자 닛케이 신문 조간, 히타치 제작소 그룹 회사 5개 사 TOB(주식 공개 매수)를 통한 완전 자회사화 보도. 8월 하순 TOB 시작, 최대 3,000억 엔을 투입해 출자 비율을 전액 출자로 상향 예정. 28일 오후 1분기 결산 발표 예정.

▶ 해답·해설은 230페이지

TOB 대상 회사 중 하나인 히타치 맥셀의 전날까지의 차트입니다.

히타치 제작소의 분기 결산 발표도 다음 날 오후에 예정되어 있는데, 이 두 종목의 주가가 다음 날 어떻게 움직일지 예측해보세요.

매수되는 쪽과 매수하는 쪽, 그 주가 움직임은 크게 다릅니다.

Q26 히타치 맥셀(6810) 일봉 차트 4월 28일~7월 27일

최근 재료

모회사에 의한 완전 자회사화 및 TOB 실시라는 보도로 인해 전날 상한 가 비례배분(종가가 상한가일 때 매도 주식 수를 증권거래소에서 증권사에 공평하게 배분 하는 것)으로 장 마감. 히타치 제작소와 동일하게 28일 오후 1분기 결산 발표 예정.

▶ 해답·해설은 232페이지

Q 같은 업계의 호재, 악재를 이용한 공략법

이제부터는 조금 더 어려운 테크닉으로 넘어가도록 하겠습니다. 먼저 동종업계의 결산 발표를 이용한 공략법에 대해 생각해봅시다.

혼다 기연공업의 재료와 차트입니다. 29일 실적 발표에서 사전 애널리스트의 예상을 크게 상회하는 영업 흑자를 기록했고, 연간 실적 전망

Q27 혼다 기연공업(7267) 일봉 차트 4월 30일~7월 29일

최근 재료

2010년 3월기 실적 전망(연결) 상향 수정.

매출액　　8조 3,700억 엔　→　8조 2,800억 엔

영업 이익　　　100억 엔　→　　　700억 엔

애널리스트가 예측한 영업 이익의 평균값은 280억 엔이었으나 이를 상회하는 상향 수정. 2009년 4~6월 영업 이익 251억 엔 기록. 연간 실적 전망 대비 진척률 35.9% 달성(7월 29일).

▶ 해답·해설은 234페이지

도 상향 수정되었습니다.

같은 자동차 제조업체인 마쓰다의 차트와 재료입니다. 마쓰다는 다음 날인 30일 장 마감 후 1분기 결산 발표가 예정되어 있습니다.

누가 봐도 훌륭한 상향 수정을 보여준 혼다와 다음 날 장 마감 후 결산 발표가 있는 마쓰다. 이 두 종목의 주가가 다음 날 어떤 움직임을 보일지, 동종업계의 뉴스 재료를 잘 활용해 데이 트레이딩 전략을 세워보세요.

Q28 마쓰다(7261) 일봉 차트 4월 30일~7월 29일

최근 재료

7월 29일 발표된 혼다 기연공업(왼쪽 페이지)과 닛산자동차의 1분기 결산 영업 손익 모두 흑자. 다음 날 30일 1분기 결산 발표 예정.

16일 자 닛케이 신문 조간에서 도요타자동차와 하이브리드 기술제휴 보도(7월 16일 아침).

▶ 해답·해설은 236페이지

Q 상한가·하한가 상황에서 공략법

이어서 '상한가'와 '하한가'를 연습 문제로 다루어보겠습니다.

브라더 공업의 차트와 분기 결산입니다. 이번 분기 결산에서 영업 이익은 연간 계획의 50%에 가까운 수준을 달성했으며, 앞으로 상향 수정될 가능성이 큽니다.

Q29 브라더 공업(6448) 일봉 차트 5월 7일~8월 3일

최근 재료

8월 3일 장 마감 후 2009년도 제1분기 결산(연결) 발표.

	2009년 제1분기 결산	2010년 3월기(연간) 실적 전망
매출액	978억 1,600만 엔	4,250억 엔(-22.4%)
영업 이익	63억 6,200만 엔	130억 엔(-30.9%)
경상 이익	81억 1,800만 엔	200억 엔(-15.5%)
당기 이익	33억 9,800만 엔	125억 엔(-47.5%)

▶ 해답·해설은 238페이지

참고로 닛케이지수는 2일 연속 하락 중입니다.

코니카 미놀타의 차트와 분기 결산입니다. 영업 이익은 6억 엔에 가까운 적자를 기록했으며, 연간 실적 전망을 하향 수정할 것으로 예상됩니다.

이 두 종목의 다음 날 시초가와 이후 주가가 어떻게 움직일지 예상해 보세요.

Q30 코니카 미놀타 홀딩스(4902) 일봉 차트 5월 7일~8월 6일

최근 재료

8월 6일 장 마감 후 2009년도 제1분기 결산(연결) 발표.

	2009년 제1분기	2009년 9월 중간 전망	2010년 3월기 전망
매출액	1,894억 3,900만 엔	4,040억 엔	8,800억 엔
영업 이익	△5억 8,900만 엔	160억 엔	450억 엔
당기 이익	2억 9,900만 엔	35억 엔	170억 엔

제1사기 영업 손익 주요 애널리스트 예상 평균값은 40억 엔 흑자.

▶ 해답·해설은 240페이지

Q 일방통행 상승·하락 시 공략법

지난번에 다루었던 '상한가'와 '하한가'는 상당히 극단적인 시장 상황입니다. 이와 비슷하게 극단적인 시장 상황이라고 할 수 있는 일방통행 상태를 살펴보겠습니다.

대표적인 신흥 부동산 종목인 다빈치 홀딩스의 차트입니다. 닛케이

Q31 다빈치 홀딩스(4314) 일봉 차트 4월 9일~7월 8일

시장의 흐름

신흥 부동산 주식은 6월 중순에 고점을 찍고 7월에 들어서면서 전반적으로 매도세 진행. 닛케이지수는 전날 갭을 벌리고 급락해 9,500엔 선 붕괴.

▶ 해답·해설은 242페이지

지수는 약세를 보였지만 신흥 부동산 종목은 7월에 들어서 매도세가 이어졌습니다.

자동차부품 제조업체인 덴소의 차트입니다. 자동차 주식과 함께 7월 10일 전후를 기점으로 주가가 계속 상승하고 있습니다.

둘 다 주가 움직임이 추세에 따라 일방통행으로 움직이는 극단적인 상황입니다. 그렇다면 다음 날 5분봉 차트도 이처럼 일방통행 상황이 될까요? 주가 움직임을 예측하고 투자 전략을 세워보세요.

Q32 덴소(6902) 일봉 차트 5월 1일~8월 3일

최근 재료

31일 발표한 중간 결산 예상 상향 수정으로 UBS증권이 '중립'에서 '매수'로 상향. 목표 주가 2,503엔에서 3,300엔으로 상향 조정(8월 3일).

시장의 흐름

닛케이지수는 7월 13일 저점을 찍은 후 상승세 지속, 1만 500엔 직전에서 횡보 중. 다음 날 미국 시장 최고치 경신으로 갭 상승 확실.

▶ 해답·해설은 244페이지

Q 시류에 따라 자금이 집중하는 시장 공략법

이번에는 시류의 영향으로 자금이 집중된 종목을 문제로 다루어보겠습니다.

전기자동차의 모터와 인버터를 다루는 메이덴샤의 차트입니다. 오랫동안 조정을 받았지만, 2영업일 전인 21일에 거래량을 동반한 큰 반등

Q33 메이덴샤(6508) 일봉 차트 4월 23일~7월 22일

시장의 흐름

21일의 큰 반등으로 인해 일본증권금융 대차 거래 잔고에서 대주(貸株) 급증(7월 22일).

시장의 흐름

주가 연동성이 있는 GS 유아사와 14일, 21일에 출현한 장대양봉은 같지만, GS 유아사가 음봉을 기록한 22일에는 메이덴샤 쪽이 긴 아랫꼬리를 동반한 양봉 형성.

▶ 해답·해설은 246페이지

을 보이며 흐름이 바뀌었습니다.

GS 유아사와의 연동성도 있으므로 147페이지도 참조해주시기 바랍니다.

섬유 제조업체 시키보의 재료와 차트입니다. 시키보는 항바이러스 섬유를 개발해 관련 제품을 판매하고 있습니다.

전날까지의 상승으로 공매도가 대량 유입되어 대차 비율이 대폭 낮아진 이 두 종목의 주가가 다음 날 어떻게 움직일지 예측해보세요.

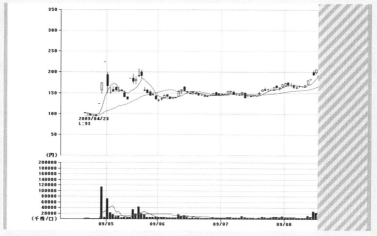

Q34 시키보(3109) 일봉 차트 4월 20일~8월 18일

최근 재료

국립감염증 연구소는 18일, 전국 약 5,000개의 표본 의료기관을 대상으로 한 조사에서 8월 3일~9일 인플루엔자 감염자 수가 4,630명에 도달했으며, 이는 의료기관당 0.99명으로 전국적인 유행의 지표(1.00)에 상당하는 수준이라고 발표(8월 18일).

▶ 해답·해설은 248페이지

Q 기억해둬야 할 특수한 시장 공략법

드디어 마지막 문제입니다. 마지막으로 특수한 사례를 두 가지 살펴보겠습니다.

하단 차트는 과거 IT 버블 당시, 소프트뱅크와 함께 엄청난 가격 변동을 보였던 히카리 통신의 재료 및 차트입니다. 히카리 통신은 과거

Q35 히카리 통신(9435) 일봉 차트 5월 14일~8월 13일

시장의 흐름

헤지펀드의 45일 전 해약 규칙에 의한 반대 매매로 급등(8월 13일). 거의 하루 종일 2,105엔 부근을 맴돌다가 14시 45분 이후 갑자기 주가가 상승하기 시작해 대폭 상승. 순간적으로 상한가인 2,485엔까지 상승하기도 함.

2010년 3월기 연결 결산 예상을 하향 조정(8월 12일 오전장 마감 후).

영업 이익   220억 엔   →   180억 엔

당기 이익   115억 엔   →   85억 엔

▶ 해답·해설은 250페이지

20영업일 연속 하한가라는 대기록을 세워 매우 유명해졌습니다.

이 페이지 하단 차트는 아파트 분양 대기업인 하세코 코퍼레이션의 차트와 재료(MSCB 발행)입니다.

이 두 종목의 주가가 다음 날 어떻게 움직일지 예측해보세요.

Q36 하세코 코퍼레이션(1808) 일봉 차트 6월 11일~9월 14일

최근 재료

미즈호 증권을 할당처로 하는 MSCB 발행 발표(9월 10일). 전환 가격 하한은 60.5엔으로, 이 경우 희석화율은 19.6%가 됨. 실수령 예상액 약 149억 7,000만 엔은 건설 공사 및 인건비 등의 운전자금으로 사용 예정.

▶ 해답·해설은 252페이지

칼럼 4

SQ주에는 주가 변동이 불규칙해진다

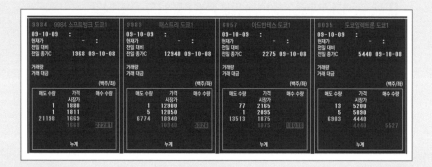

    위의 자료는 주요 종목들이 일제히 하한가를 기록하는 명백히 비정상적인 호가입니다. 데이 트레이딩 경험자라면 한 번쯤 목격했을 광경이자, 특히 해당 종목을 보유한 투자자들에게는 심장에 매우 좋지 않은 상황입니다.

    하지만 안심하셔도 좋습니다. 실제 장이 시작되면 대부분 전일 대비 변동 없는 지극히 평범한 시초가를 형성하기 때문입니다. 원인은 이날이 SQ(Special Quotation, 특별 청산 지수)일이었기 때문입니다.

매월 둘째 주 금요일의 시초가를 기준으로 주식 옵션의 결제가 이루어지기 때문에 장 시작 전에 비정상적인 호가가 형성되었던 것입니다.

일반적으로 SQ일이 있는 주를 SQ주라고 부르며, 이 기간에는 주가 변동성이 커지는 경향이 있어 데이 트레이더들의 각별한 주의가 필요합니다.

3월, 6월, 9월, 12월의 둘째 주 금요일은 닛케이지수 선물 결제까지 겹쳐 주가 변동이 더욱 격렬해집니다. 이러한 달을 '메이저 SQ'라고 부르며, 반대로 옵션거래만 결제가 이루어지는 1월, 2월, 4월, 5월, 7월, 8월, 10월, 11월은 '마이너 SQ'라고 부릅니다.

닛케이지수 선물이나 SQ의 구조에 대해 더 자세히 알고 싶으시다면, '차익거래'라는 키워드로 검색해보시기 바랍니다.

PART
05

시장에서
지지 않는
강한 마음을 기르자

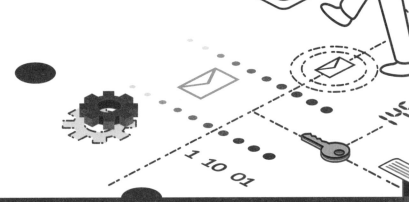

데이 트레이딩을 할 때, 꼭 필요한 것은 '정신적인 강인함'입니다. 여러분도 '정신력'을 갖추시기 바랍니다. 비결은 '자만심이나 조바심에 휘둘리는 자신을 어떻게 컨트롤하느냐'입니다.

지속적인 성과를 내는
'나만의 규칙'

정신력(Mental Thoughness)을 잊어서는 안 된다

지금까지 설명한 기술적인 내용은 시장에서 이기기 위한 필수 요소입니다. 하지만 그것만으로는 시장에서 살아남을 수 없습니다. 주식 시장에서 거래 상대가 눈에 보일까요? 보이지 않습니다. 그렇기에 내 안의 약한 마음과도 끊임없이 싸워야 합니다.

시장에서 지속적인 승리를 거두기 위해서는 기술(기술적 분석과 뉴스 재료 분석)은 물론, 강인한 정신력까지 겸비해야 합니다. 그래서 이 책의 마지막 부분에서는 데이 트레이더로서 제가 항상 마음에 새기고 있는, 강인한 정신력을 기르기 위한 원칙들을 여러분과 나누고자 합니다.

IN 규칙과 OUT 규칙 및 시간 규칙

데이 트레이딩에서 확고한 이익을 지속적으로 창출하기 위해서는 먼저 명확한 규칙을 만들고 그 규칙을 엄격하게 준수해야합니다. 자신만의 거래패턴이 만들어지면 그 패턴이 안정적인 리듬을 가져다주기 때문입니다.

  그렇다면 어떤 규칙이 장기적인 수익으로 이어질까요? 먼저 추세추
종 매매에 적합한 성격, 역추세매매에 적합한 성격이 있듯이 자신의 성
격에 맞는 거래 규칙을 확립하는 것이 가장 중요합니다. 누가 강요해서
만드는 것이 아닌 만큼 절대 지키지 못할 규칙은 피하도록 합시다.

  저 역시 스스로 여러 가지 투자 규칙을 만들어 실천하고 있는데, 그
규칙들을 분류하면 대략 세 종류로 나뉩니다.
  첫째, 그중에서도 가장 많은 비중을 차지하는 'IN 규칙', 즉 어떤 상황
에서 포지션을 취할 것인가에 대한 규칙입니다.
  제가 실천하고 있는 구체적인 규칙들을 몇 가지 소개하자면, 다음과
같습니다.

- 바닥을 확인한 후 매수한다.
- 재료에 현혹되지 않는다.
- 상성이 좋지 않은 종목에는 손대지 않는다.

  둘째, 'OUT 규칙', 즉 언제 포지션을 정리할 것인가에 대한 규칙입니
다. 여기에는 이익 실현 시점은 물론, 손절매 시점이나 거래를 포기해야
할 상황에 대한 조건들도 포함됩니다.
  제가 실천하고 있는 OUT 규칙들을 말씀드리자면, 다음과 같습니다.

- 반대 매매 지정가는 변경하지 않는다.
- 상승이 멈추면 절반은 이익을 확정한다.

- 실패라고 판단되면 주가가 다시 회복되는 시점을 노려 손절매한다.

마지막으로, 특정 시간이 되면 반드시 결제한다는 '시간 규칙'입니다. 시간 규칙은 다음과 같은 방식으로 설정하고 있습니다.

- 데이 트레이딩 목적으로 매수한 종목은 당일 장 종료 전에 반드시 청산한다.
- 시가에 매수한 종목이 상승했다면, 9시 30분까지 전량 이익 실현한다.
- SQ주(둘째 주 금요일이 있는 주)의 가격 변동에 주의한다.

요일 등도 주의하는 것이 좋습니다.

물론 내용을 전부 소개할 수는 없지만 이렇게 'IN 규칙', 'OUT 규칙', '시간 규칙'이라는 세 가지 규칙을 설정해놓으면, 리스크도 적고 지속적으로 수익을 창출해나갈 수 있습니다.

스스로 정한 규칙은 반드시 지킬 것

데이 트레이딩에 국한된 이야기는 아니지만, 컨디션이 좋을 때는 모든 것이 순조롭게 풀리기 마련입니다. 하지만 이런 좋은 컨디션에 도취되어 자신이 정한 규칙을 어기기 시작하면 그때부터 함정이 시작됩니다.

스스로 정한 투자 규칙은 반드시 지켜야 합니다. 규칙을 어기고 일시적으로 큰 수익을 얻었다고 하더라도 그로 인해 자신만의 거래 리듬이 깨지고, 그 깨진 리듬이 결국 자신을 장기적인 부진으로 이끌기 때문입니다. 손익도 최종적으로는 마이너스로 귀결될 수밖에 없습니다.

충분한 고민 끝에 규칙을 수정하는 것은 괜찮습니다.
다만 트레이딩 중에는 절대 규칙을 바꾸지 말아야 합니다. 제 경험상 트레이더들은 자신이 보유한 포지션에 지나치게 낙관적인 기대를 하기 쉽고, 뉴스나 차트도 자신에게 유리한 방향으로 해석하려는 경향이 있기 때문입니다.

규칙 변경은 반드시 '당일 거래가 모두 종료된 후'에만 해야 한다는 것을 기억해둡시다. 충분한 데이터를 모으고 철저히 분석한 뒤에 규칙을 변경하는 것이 바람직합니다.

'반성 타임'이
성장을 가져온다

하루의 트레이드를 되돌아보자

반성하지 않고서는 데이 트레이더라고 할 수 없습니다. 매일 하루를 되돌아보며 자신이 정한 규칙들을 얼마나 잘 지켰는지 점검하고, 좋은 거래는 칭찬하되 잘못된 거래는 확실히 반성해야 합니다. 이러한 반성을 통해 마음의 '찌꺼기'를 털어내고, 새로운 마음가짐으로 다음 날 트레이드에 임할 수 있습니다.

수익이 난 거래와 좋은 거래, 손실을 본 거래와 나쁜 거래는 반드시 일치하지 않습니다. 리스크 관리만 제대로 되고 있다면, 두려울 것은 아무것도 없습니다. 자신이 최선이라고 생각하는 행동을 60~70% 정도만 실행했다면 그날은 그것으로 충분합니다.

다음은 매일 반성해야 할 포인트입니다.

전체적인 시장 분위기를 정확히 파악했는가?

자신의 시장 예측이 실제 시장의 움직임과 얼마나 일치했는지 되돌아봅시다.

만약 시장 예측이 대체로 맞았다면 전략적 차원에서는 틀리지 않았다는 뜻이므로 안심해도 좋습니다. 천재가 아닌 이상 잘못된 판단을 할 수도 있으니 기회를 마련해서 되돌아보는 것이 중요합니다.

종목 선택은 적절했는가?

종목 선택 시점에 픽업했던 종목과 실제로 거래를 진행했던 종목의 각각 하루 동안의 가격 변동을 검증해봅시다. 저도 픽업 단계에서 선택했던 종목은 제쳐두고 다른 종목 거래에만 열중하다가 급등한 종목을 놓쳤던 적이 종종 있습니다. 하루의 흐름 속에서 적절한 타이밍에 적절한 종목을 선택하는 것도 매우 중요한 포인트입니다.

규칙은 잘 지켰는가?

앞서 말씀드린 것처럼 거래 규칙을 얼마나 잘 지켰는지도 중요한 포인트입니다.

규칙을 잘 지켰다는 것은 자신을 잘 컨트롤했다는 뜻이므로, 이런 날은 스스로를 칭찬해주시기 바랍니다. 반대로 지키지 못했다면 규칙을 수정하거나 다음부터는 원점으로 돌아가서 다시 규칙을 준수하도록 합시다.

IN 타이밍은 적절했는가?

IN 타이밍은 '추세추종 매매 시에는 신속하게, 역추세 매매 시에는 추세 반전의 징후가 충분히 확인된 후에'라는 것이 기본적인 원칙입니다. 실패가 계속된다면 일단 잠시 멈춰 서서 생각해볼 필요가 있습니다.

역추세 매매의 요령은 반전 포인트에서 지정가 주문을 넣는 것입니다. 하지만 지정가 설정 위치가 잘못되면 진입 타이밍이 너무 빨라지는 결과를 초래합니다. 원인은 대체로 지식 부족이나 조급한 마음을 억누르지 못한 결과입니다. 반대로 추세추종의 경우, IN 타이밍이 늦어져 큰 실패를 겪는 경우도 종종 있습니다. '계속 눌림목을 노렸지만, 눌림목이 오지 않고 상승이 지속되는 바람에 참지 못하고 뛰어들었는데 그 지점이 천장이었다'라는 패턴입니다. 이런 실수를 했을 때는 후회도 매우 커집니다. 이른바 '필살 고점매수'라는 것이죠.

OUT 타이밍은 적절했는가?

반대로 OUT을 적절한 타이밍에 실행했는지도 꼭 확인해야 할 포인트입니다.

손절매의 경우, 너무 빨라서 후회하는 경우도 있지만 반대로 너무 늦어서 후회하는 경우가 더욱 많습니다. 신속한 손절매가 이상적이지만 실제 거래를 할 때는 꽤 쉽지 않은 것이 현실입니다.

저의 경우 '절대 손절매 라인'이라는 기준을 정해두고, 주가가 이 선을 하회하면 즉시 시장가로 손절매를 실행합니다. 특히 주가가 끝없이 하락할 가능성이 있거나 손실이 허용 한도를 넘어설 것 같은 상황이라면 즉시 손절매를 실행해야 합니다. 트레이더로서 장기적으로 살아남기 위해서는 필수적인 리스크 관리입니다.

한편, 이익 실현 매도는 너무 빨라도 너무 늦어도 후회하게 됩니다. 이익 실현이라는 선택을 했지만, 결과적으로 주가가 더욱 상승했을 때는 '이익 실현이 너무 빨랐는지도 몰라'라고 후회하게 됩니다. 그런 경우에도 자신이 정한 규칙대로 이익을 실현했다면 그것으로 충분하다고 생각해야 합니다. 반대로 '이익 실현이 너무 늦었어!'라고 후회할 수도 있습니다. 원인은 대부분 '좀 더 버티면 오를지도 몰라'라는 욕심에 져 버렸기 때문입니다.

데이 트레이딩으로 수익을 추구하는 이상 욕심을 완전히 버릴 수는 없겠지만, 미실현이익이 발생했을 때도 냉정한 판단만 유지하면 반드시 이익 실현을 할 수 있습니다.

제가 욕심과 집착을 버리기 위해 만든 좌우명이 있습니다.
"큰 이익을 버리고, 작은 이익을 버리고, 중도를 지켜라."
여러분도 강한 의지를 가지시기 바랍니다!

데이 트레이딩에 필수적인 '리스크 컨트롤'

살아남기 위해 리스크를 줄이자

주식 투자를 할 때는 리스크 관리 의식이 매우 중요합니다. 기본적으로 하루 최대 손실 한도와 1회 거래당 최대 손실 한도를 미리 정해두고, 그 범위 안에서만 거래하는 것이 중요합니다.

변동성이 큰 종목은 1회 거래에 투입하는 자금량을 줄일 필요가 있겠죠. 반대로 변동성이 작은 종목은 상대적으로 투자금을 늘려도 괜찮습니다. 호조일 때는 이러한 리스크 관리가 수월하지만, 문제는 손실이 누적되었을 때입니다. 이때는 한 번의 거래로 얻는 이익과 손실의 폭이 모두 커지게 됩니다. 많은 투자자들이 한 방에 역전을 노리고 높은 리스크를 감수하며 승부를 걸었다가 그 결과, 보기 좋게 '참패'하곤 합니다.

자신에게 흐름이 좋지 않을 때는 '쉬는 것도 투자'라는 말을 떠올리시기를 바랍니다. 정리할 것은 정리하고, 흐름이 바뀔 때까지 호시탐탐 시장을 주시하도록 합시다.

데이 트레이딩만 하더라도 장기간 시장에 있다 보면 리스크 관리에 실패해 엄청난 미실현손실을 떠안게 될 수 있습니다. 이럴 때는 얼굴이 창백해지고 식은땀이 멈추지 않는 상황에 빠지게 됩니다.

하지만 데이 트레이더라면 이럴 때 주식을 장기 보유하는 방법을 택하지 말고, 과감히 손실을 확정하는 용기를 가져야 합니다. 시장에서는 살아 있는 한 언제든 재기할 수 있으니까요.

시장에서 이기기 위해 자신에게 이기자

여기까지 이 책을 읽은 당신이라면 자신을 컨트롤하는 것이 데이 트레이딩을 하는 데 얼마나 중요한지 이해하셨을 것입니다. 하지만 '말하기는 쉬워도 실천하기는 어렵다'라는 말이 있지요. 그만큼 자신을 다스리는 것은 매우 어려운 일입니다.

자신을 전혀 컨트롤하지 못하는 사람은 거의 없을 것입니다. 그러나 예를 들어 일을 하다가 스트레스가 쌓였을 때 등, 자신을 억누르지 못하고 충동적인 언행을 해버리는 경우가 있습니다. 그로 인해 돌이킬 수 없는 실수를 저지른 사람도 있을 것입니다.

자신을 다스리는 것은 힘든 일입니다. 하지만 자신의 마음이기에 사실은 스스로 확실하게 관리할 수 있어야 합니다.

이러면 안 된다는 것을 머리로는 알면서도 몇 번이나 똑같은 실수를 되풀이한다면 분명 당신의 마음속 어딘가에 어떤 원인이 있을 것입니다.

자만과 기대가 가장 위험하다

주식 투자를 할 때는 '무조건 이길 수 있다'라고 생각하는 순간이 가장 위험합니다. 머릿속이 장밋빛으로 물들어 눈앞의 현실이 전혀 보이지 않기 때문입니다. 그리고 그 순간은 완전히 방심하게 됩니다. '방심은 금물'이라는 말이 있듯이, 이를 방지하려면 '이렇게 될 것이 틀림없다'라는 자만이나 '이렇게 되었으면 좋겠다'라는 기대를 하지 말고, 눈앞에 펼쳐진 현실을 똑바로 직시하며 정확하게 판단하는 것이 중요합니다.

'운'은 스스로
불러오는 것

리스크를 피하기 위해서라도 자산 운용을

마지막으로 말씀드리고 싶은 것은 전작에 이어 바로 '흘러가는 대로'입니다. 인생을 풍요롭게 살기 위해서는 '편하게 사는 것'이 중요합니다. 그러려면 마음부터 편해질 필요가 있습니다. 단, 노력을 게을리해서는 안 됩니다. 인생에 닥쳐오는 고민이나 고생을 회피할 수 있기 때문입니다. 설령 고민이나 고통이 우리 인간을 성장시켜준다고 해도 굳이 적극적으로 추구할 필요는 없겠죠.

데이 트레이딩으로 돈을 버는 것도 돈이 없어서 생활에 어려움을 겪는 것을 피하는 하나의 수단입니다. 이 책을 쓰고 있는 현재, 엔화는 대외적으로 강세를 보이고 있습니다. 하지만 전쟁이나 부채로 인해 국가 파산 등의 사태가 발생하면 우리가 저축해둔 엔화의 가치는 휴지 조각이 될 수도 있습니다. 현 정치권은 국방에 대한 위기의식이나 경제에 대한 지식이 부족해 보입니다. 머지않은 미래에 국가의 존속이 위태로운 상황이 닥칠 수도 있다는 뜻입니다. 그렇기 때문에 재산을 지키기 위한 노력, 즉 효과적인 자산 운용은 반드시 필요합니다.

부업으로 트레이딩을 하는 장점

트레이딩 동료 중에는 투기로 돈을 버는 것을 떳떳하지 못하게 생각하는 사람도 있지만 저는 그렇게 생각하지 않습니다. 사회와 관계를 맺고 생산적인 일을 하고 있다면, 투자로 돈을 버는 것도 괜찮다고 봅니다. 오히려 이를 통해 경제적으로 어려운 직업도 선택할 수 있고, 자기계발에 시간을 투자할 여유도 생기기 때문입니다.

하지만 현재 직장을 그만두고 전업 트레이더가 되는 것은 절대 추천하지 않습니다. 물론 대부분의 사람들이 회사에 다니며 인간관계 등 여러 어려움을 겪는 것은 사실입니다. 하지만 전업 트레이더의 삶도 만만치 않습니다. 지속적인 수익에 대한 압박감도 만만치 않고, 또 믿을 것은 자신뿐인 외로운 길이기도 합니다.

직장인으로서 큰 수익을 올렸다고 해서 전업 트레이더가 되면 반드시 성공한다는 보장은 없습니다. 오히려 안정적인 월급이 주는 마음의 여유가 있기에 착실한 자산 운용이 가능한 것일 수도 있습니다.

흘러가는 대로

마음의 여유가 경제적 여유를 만들고, 경제적 여유가 다시 마음의 여유를 만듭니다. 주식 시장에서는 순간의 실수로 매수한 종목이 갑자기 폭락해 큰 손실을 보는 경우가 있습니다. 마치 누군가의 함정에 빠진 것 같은 이런 경험을 몇 번이나 겪을 수 있습니다.

그럴 때 '내 잘못이 아니야, 운이 나빴을 뿐이야'라고 생각하기보다는, 자신에게 뭔가 문제가 있었던 것은 아닌지 돌아보는 것이 중요합니다. 시장에서 일어나는 일은 결코 우연이 아니며, 그 순간 자신의 마음이 필연적으로 그러한 결과를 불러온 것입니다.

최선을 다한 후에는 모든 것을 하늘에 맡깁시다. 그리고 주식 거래를 할 수 있는 환경에 감사하는 마음을 갖도록 합시다. 감사하는 마음은 우리의 마음에 평화를 가져다주고, 시장을 있는 그대로 바라볼 수 있게 해줍니다.

그럼 이것으로 강의를 마치겠습니다. 주식을 사랑하는 당신의 앞날에 행운이 함께하기를!

데이 트레이딩 수익률 향상을 위한 도구

TV에 나오는 이미지 때문인지 '데이 트레이더' 하면, 여러 대의 컴퓨터나 모니터를 보면서 거래하는 모습을 상상하는 분들이 많습니다.

물론 실시간으로 호가창을 보며 거래하는 트레이더 중에는 그런 분들도 많지만, 모두가 엄청난 장비를 사용하는 것은 아닙니다.

실제로 저는 현재 파나소닉 레츠노트 1대로 거래하고 있습니다. 화면이 다소 작아 불편할 때도 있지만, 비즈니스맨들이 즐겨 쓰는 노트북이라 휴대하기 편리합니다. 한때 컴퓨터 두 대를 사용했던 적도 있지만, 너무 많은 화면을 보다 보니 피곤해서 결국 한 대로 돌아왔습니다. 물론 컴퓨터가 고장 났을 때를 대비해서 예비용 컴퓨터는 마련해두고 있습니다.

인터넷 회선은 NTT의 B플렛츠 광회선을 사용하고 있습니다. 굳이 광회선을 쓸 필요는 없지만, 역시 회선 속도는 어느 정도 빠른 편이 좋은 것 같습니다. 집에서는 무선 LAN을 사용하고 있습니다. 큰 포지션을 잡고 있어서 잠시도 눈을 뗄 수 없는 와중에 화장실에 가고 싶어질 때면 무선 LAN으로 바꾸길 잘했다는 생각이 듭니다(웃음).

주가보드는 거의 라쿠텐 증권의 '마켓 스피드' 하나만 사용합니다. 마츠이 증권의 '넷스톡트레이더'나 SBI 증권의 'HYPER SBI' 등 다른 유명한 프로그램들도 있으니 이것저것 사용해보고 자신에게 맞는 것을 선택하시면 됩니다.

부록

데이 트레이딩을
마스터하기 위한
차트 실전 트레이닝
(해답과 해설)

25일 이동평균선을 넘어설 것으로 보이므로 매수 자세로 기다린다

전날까지의 주가 움직임

거래량을 동반한 양봉에 주목!

음봉이 눈에 띄네요. 한 번 십자선을 사이에 두고 7일 연속 음봉이 출현했지만 280엔에서 하락세가 둔화되고 전날에는 거래량을 동반한 양봉이 나타났습니다. 추세 전환 가능성이 크다는 증거입니다.

310엔 근처에서 10일 정도 횡보하고 있어 이 부근에 가격 저항대가 있을 것으로 예상되지만, 전날 종가는 291엔으로 그 수준까지는 아직 여유가 있습니다.

300엔 부근까지 하락했던 25일 이동평균선을 넘어설 것으로 예측됩니다.

미쓰이 화학(4183) 일봉 차트 4월 22일~8월 4일

25일 이동평균선 아래에서의 매수 의욕을 확인하고 매수

　시초가는 296엔으로 갭을 벌리고 시작했습니다. 갭 메우기를 위해 하락하는 전개도 고려할 수 있기 때문에 이 순간에 매수하는 것은 용기가 필요합니다. 9시 20분경에는 대량 매도가 나와 저가 291엔을 기록했습니다. 이로 인해 전날과의 갭이 메워지므로 이 매도가 나온 순간, 혹은 그 이후에 시초가인 296엔까지 회복했을 때 자신감을 가지고 매수 주문을 넣는 것이 좋습니다. 후자의 경우라면 매수 의욕이 강하다는 것을 확인할 수 있으니까요.

　오후장 개장 이후 298엔에서 300엔에 매수하는 방법도 있습니다. 이익 실현 목표는 25일 이동평균선 상향돌파 후 가격 저항대 하한선인 337엔부터입니다.

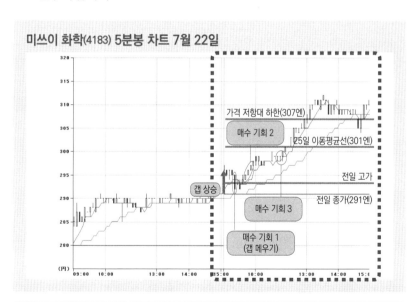

미쓰이 화학(4183) 5분봉 차트 7월 22일

> 🔑 추세를 판단할 때는 거래량도 잊지 말고 체크하자.

A02 25일 이동평균선을 넘지 못하므로 기본적으로 관망

거래량에 변화가 없으므로 추세 전환도 없다

앞서 살펴본 미쓰이 화학과 상당히 비슷한 차트로, 언뜻 보기에는 25일 이동평균선을 넘을 것처럼 보입니다. 하지만 몇 가지 차이점이 있습니다. 미쓰이 화학은 가격 저항대가 25일 이동평균선보다 더 위에 있었던 반면, 이 SBI는 바로 위 18,000엔에 있으며 전날에도 그곳에서 반등했다는 점입니다. 즉 18,000엔과 25일 이동평균선, 2개의 저항선이 있는 것입니다. 또한 전날 상승하기는 했지만, 거래량도 증가하지 않았고, 매수 압력이 그다지 강하지 않아 추세가 전환되었다고 말하기는 어렵습니다. 그렇다고 적극적으로 공매도를 할 만큼 '나쁜' 차트는 아니므

SBI 홀딩스(8473) 일봉 차트 4월 22일~8월 4일

로 기본적으로 관망하는 선택지가 정답입니다.

당일 공략법

상황을 지켜보자

5분봉 차트 자체는 깔끔한 하락 추세를 보여주고 있습니다. 시가가 25 이동평균선보다 낮게 시작해서 잠시 매수세가 유입되었지만, 5 이동평균선에 상단이 저항을 받으면서 깔끔하게 하락하고 있습니다. 증가하는 매도세를 보면 18,000엔에 저항선이 있어서, 어디까지나 결과론이지만 처음 20분 정도는 안심하고 매도할 수 있을 것입니다. 환매수는 17,200엔 부근이 무난합니다.

문제에서 제시한 판단 재료만으로 여기까지 결정하기는 어려울 것입니다. '상황을 지켜본다'라고 생각한 당신이 정답입니다.

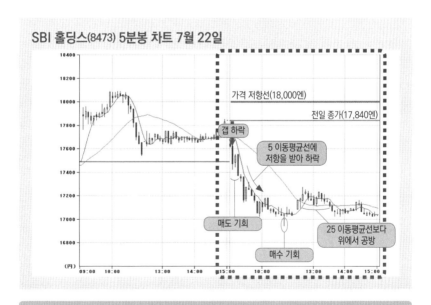

🔑 '속임수'에 각별히 주의하자.

A Q3 다음 날도 상승할 것으로 예상되므로 매수 자세로 기다린다

전날까지의 주가 움직임

25일 이동평균선을 상향 돌파할 만한 에너지가 있다

7월 8일에 25일 이동평균선을 하향 돌파한 이후 오랫동안 25일 이동평균선 아래에서 주가가 움직이고 있습니다. 한 번 장대 음봉을 형성하며 1,800엔 아래로 떨어졌지만, 그 후 주가가 회복되어 바닥을 다지는 모습을 보이고 있으며, 이를 통해 에너지가 축적되고 있음을 알 수 있습니다.

전날의 상승으로 25일 이동평균선과 마찬가지로 1,900엔대 초반에 있던 가격 저항대도 상향 돌파했습니다. 이에 따라 25일 이동평균선의 기울기도 상승세로 전환했습니다. 2,000엔이라는 중요 가격대가 신경

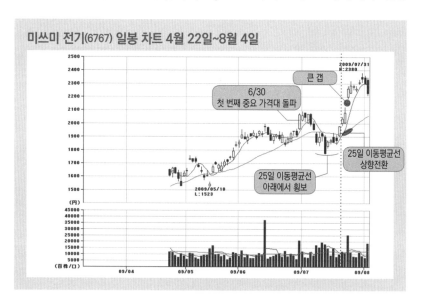

미쓰미 전기(6767) 일봉 차트 4월 22일~8월 4일

쓰이는 부분이지만, 이전에도 큰 저항을 받지 않았고 이번에는 두 번째로 중요 가격대에 도전하는 것이므로 크게 신경 쓸 필요는 없습니다.

당일 공략법

기본적으로 상승 추세이므로 눌림목에서 매수하자

시가는 2,000엔으로 중요 가격대를 돌파했지만, 이 시점에서는 전일 고가 1,980엔과의 사이에 갭이 발생했기 때문에 망설여지는 부분입니다. 가장 매수하기 좋은 지점은 한 번 1,984엔까지 하락했다가 2,000엔 선으로 다시 돌아간 이후 2,000엔에서 횡보하는 구간입니다.

이후 오전장 마감 전에 25 이동평균선이 따라붙은 시점에서 상방 돌파가 발생합니다. 분봉 차트상으로도 충분히 에너지를 축적했기 때문입니다. 이익 실현 목표는 오후장에 접어들어 상승이 멈춘 2,040엔입니다.

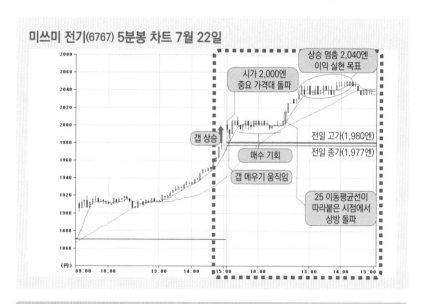

미쓰미 전기(6767) 5분봉 차트 7월 22일

😮 차트에서 '에너지'를 감지하자.

A04 에너지가 부족하므로 당분간 관망한다

횡보는 하고 있지만 횡보 기간이 짧다

미쓰미 전기처럼 매수에 들어가고 싶지만 몇 가지 걸리는 부분이 있습니다.

첫째, 25일 이동평균선 부근에서 횡보하는 기간이 짧다는 점입니다. 이 정도로는 바닥이 견고하다는 이미지가 아직 부족합니다. 다만 강력함은 느껴지므로 매도 포지션을 잡는 것도 적절하지 않습니다.

또한 25일 이동평균선의 기울기가 아직 하락세라는 점도 적극적으로 매수하기 어려운 이유 중 하나입니다. 3,200엔 부근이 가격 저항대로 작용하고 있는 점도 우려되는 포인트입니다.

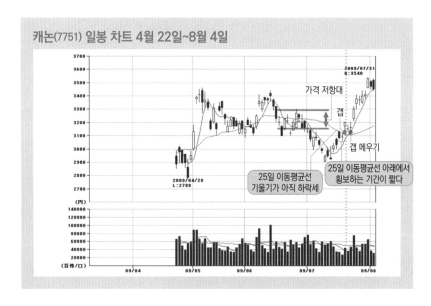

캐논(7751) 일봉 차트 4월 22일~8월 4일

큰 움직임이 없으므로 당분간 관망하자

시가는 전일 종가보다 50엔 낮은 3,160엔으로 갭 하락하며 시작했습니다. 이 순간 매수하고 싶은 마음이 들 수도 있습니다. 완전히 틀렸다고는 할 수 없지만, 전일 형성된 3,110엔에서 3,130엔의 갭이 왠지 마음에 걸립니다.

그 갭이 메워지지 않은 채 점심 무렵 횡보하던 주가 부근까지 25 이동평균선이 하락하면서 매수세가 유입되었지만, 이후 매수세가 지속되지 않아 주가는 곧 원래 위치로 돌아갔습니다. 결국, 이날은 적극적인 움직임을 보이지 않고 시종일관 횡보하며 마감했습니다. 즉, 관망하는 것이 이 문제의 정답입니다.

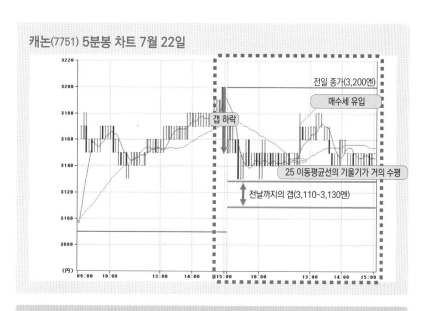

캐논(7751) 5분봉 차트 7월 22일

차트의 에너지는 횡보 기간으로 판단한다.

A Q5 주가가 바닥을 뚫을 것으로 예상되므로 공매도를 노린다

전날까지의 주가 움직임

거래량도 적고 바닥 이탈의 조짐이 느껴진다

6월 23일에 갭 하락으로 시작해 저가 2,510엔까지 하락한 후 반등했습니다. 다만 이날은 닛케이지수가 큰 폭으로 하락한 날이어서, 주가 하락은 전반적인 시장 상황에 기인한 것으로 보입니다. 또한 거래량이 평소와 비슷한 수준이어서 이를 견고한 바닥으로 판단하기에는 근거가 부족합니다.

2영업일 전인 7월 3일에는 2,535엔에서 다시 한번 반등해 언뜻 보기에 이중바닥이 형성된 것처럼 보이지만, 거래량이 적고 곧 상단에서 저항에 부딪혀 더 이상 상승이 어려운 모습을 보입니다. 7일 시점에서는 바닥 이탈의 조짐이 은연중에 감돌고 있습니다.

혼다 기연공업(7267) 일봉 차트 4월 22일~8월 4일

2,500엔 선이 무너지면 적극적으로 '공매도'를

그동안 지지선으로 인식됐던 2,500엔을 이탈한 시점, 즉 시가부터 혹은 그 이후 횡보를 깨고 저가 2,470엔을 하향 돌파한 시점에서 공매도로 진입하는 것이 좋습니다. 잠시 횡보하다 하락하고, 다시 횡보하다 하락하기를 반복하고 있는데, 이는 전형적인 하락 패턴입니다.

이익 실현 목표는 첫 번째 하락이 멈춘 10시 전 2,430엔 부근입니다. 반등의 힘이 약하다고 판단해서 좀 더 기다릴 수 있는 사람은 오후장에 접어든 후 2,400엔 선이 무너질 때까지 기다리는 것도 한 가지 방법입니다.

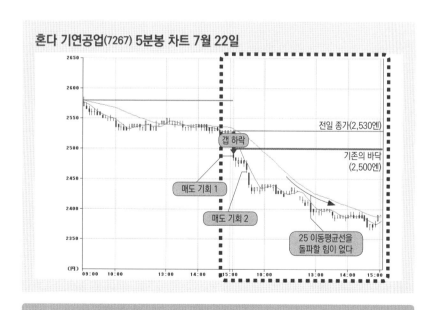

혼다 기연공업(7267) 5분봉 차트 7월 22일

🔑 바닥이 무너지면 매도세가 크게 가속화된다.

A06 2단 상승이 예상되므로 매수 자세로 대기한다

골든크로스 등 상승 지속 신호가 많다

음봉만 계속되던 날들에 변화가 찾아옵니다. 5영업일 전인 21일에 추세가 바뀝니다. 양봉이 출현하고 25일 이동평균선을 상향 돌파했습니다. 거래량은 전날과 거의 같지만, 그동안 음봉이 계속되었던 것에 비해 주가가 크게 하락하지 않은 점으로 볼 때, 추세는 이미 전환되었다고 판단해도 좋습니다.

다음 날인 22일에는 25일 이동평균선을 크게 상회하는 형태로, 거래량과 함께 주가가 급등해 가격 저항대에 진입했습니다. 3일간 3,300엔 부근에서 횡보하며 저점을 높였으므로 에너지는 충분합니다. 25일 이

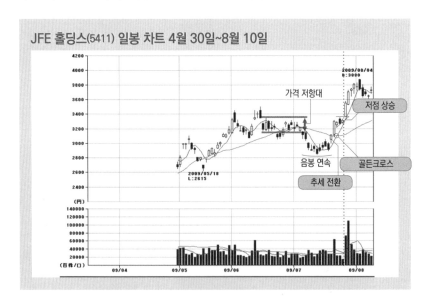

JFE 홀딩스(5411) 일봉 차트 4월 30일~8월 10일

동평균선도 조금이나마 상향 전환되고 있어 2단 상승이 실현될 가능성이 큰 차트입니다.

당일 공략법

과감하게 시가에 매수한다

갭 상승하며 시작된 시가는 3,360엔으로 전일 고가보다 30엔이나 높은 가격입니다. 이 갭이 신경 쓰일 수도 있지만, 시가에 가격 저항대를 상향 돌파했고 최근 하방에 갭이 존재하지 않으므로 2단 상승이 나타날 것으로 예상해 과감하게 매수에 나서도 괜찮습니다.

이익 실현 목표는 시가에 진입한 경우, 9시 30분까지 고점인 3,440엔. 그 이후에 진입한 경우는 추가 상승(분봉도 2단 상승)해서 올해 고점을 돌파하는 지점이 좋겠습니다.

JFE 홀딩스(5411) 5분봉 차트 7월 28일

🔑 2단 상승은 전형적인 매수 신호. 언제든지 대응할 수 있도록 연구할 것!

A07 반등의 여지가 있으므로 매수 포지션으로 대기한다

주가 움직임이 약하고 시장 분위기도 좋지 않다(7월 7일 거래 종료 시점)

3영업일 전(7월 3일)에 갭 하락으로 바닥을 이탈한 이후 공황 매도가 가속화되어 매우 약한 주가 움직임을 보이고 있습니다. 그리고 7월 8일 당일은 뉴욕 시장의 급락 영향으로 크게 하락하며 시작할 가능성이 크다고 예상됩니다.

시장 전체가 갭 하락으로 시작할 때 어디를 노려야 할지는 상당히 어려운 문제지만, 지금까지 매우 약한 주가 움직임을 보였던 종목이 추가로 갭을 형성하며 하락한 경우에는 매수해도 안심할 수 있습니다. 스윙 트레이딩에서는 특히 유효한 방법입니다. 다만, 악재로 인한 갭 하락일

미쓰이 상선(9104) 일봉 차트 4월 8일~7월 22일

때는 반드시 '재료 소멸' 여부를 확인해야 합니다.

당일 공략법

큰 폭의 갭 하락을 보면 매수에 들어간다

전일 종가보다 12엔 낮은 540엔으로 시작하고 있습니다. 이 시가에 매수한 경우, 전일 저가 550엔과의 사이에 형성된 갭을 메울 가능성을 고려해서 540엔대 후반을 이익 실현 목표로 설정하는 것이 좋습니다.

전날과의 갭을 메운 후에는 다시 한번 저점을 확인하기 위해 시가의 저가인 540엔을 하향 돌파했습니다. 하지만 이후 주가가 더 이상 하락하지 않고 빠르게 회복되는 것을 확인한 뒤, 540엔대 초반에서 매수하는 것이 안전한 전략입니다. 이 경우에는 흑자 전환점인 전일 종가 552엔 이상까지 기다리는 것도 괜찮습니다.

미쓰이 상선(9104) 5분봉 차트 7월 8일

갭 메우기

전일 종가
(552엔)

전일 저가(550엔)

갭 하락

매수 기회 2

매수 기회 1

회복이 빠르다

하락 후 시장 상황에 따라 추가로 갭 하락할 경우, 갭을 메우면서 반등할 가능성이 크다.

A08 반락할 가능성이 크므로 공매도를 노린다

전날까지의 주가 움직임

너무나도 순조로운 상승 차트(7월 30일 장 마감 후 시점)

25일 이동평균선 돌파 이후 주가는 3일간 상승을 지속했고, 그 후 3일간의 횡보를 거쳐 전날인 30일에 상방 돌파를 일으키며 2단 상승을 실현했습니다. 다음 날인 31일 조간신문에서 4~9월 실적이 상향 조정될 가능성이 크다고 보도되었고, 또한 시장 상황도 상당히 좋기 때문에 큰 폭의 갭 상승이 확실해 보입니다.

이 경우, 시가 시점에 큰 갭이 발생하게 됩니다. 그러나 13일에 2,000엔을 하향 돌파한 이후 지금까지 주가는 계속 상승해서 30일 종가가 2,680엔으로 이미 34%나 상승했기 때문에, 당일 갭 상승으로 "'재료

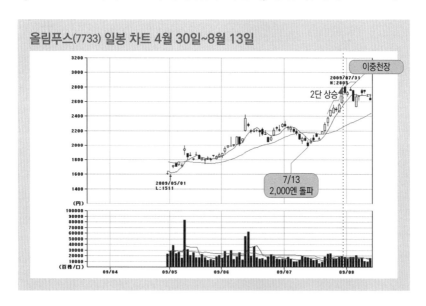

올림푸스(7733) 일봉 차트 4월 30일~8월 13일

소멸'이 되지 않을까?"라는 예측을 할 수 있습니다.

당일 공략법

매도세를 확인한 후 마찬가지로 공매도한다

갭 상승으로 시작한 시가는 2,800엔으로 전일 고가보다 120엔이나 높습니다. 시가에 매도하는 것도 좋지만 숏스퀴즈가 우려된다면, 시가 직후 2,800엔이 깨지고 고가 2,805엔을 기록한 직후의 매도세를 확인한 뒤 공매도를 해도 늦지 않습니다.

이익 실현 목표는 첫 번째 하락이 멈춘 지점인 2,760엔이나, 과감하게 나간다면 좀 더 하락한 2,740엔 부근이 좋겠습니다. 또한 호재가 나온 당일에 전일 대비 마이너스가 되는 경우는 드물다고 생각해 2,700엔 선이 무너진 지점에서 반등을 노리고 매수하는 방법도 있습니다.

올림푸스(7733) 5분봉 차트 7월 31일

🔑 시초가 최고가 이후 하락세일 때, 갭 상승 재료 소멸 패턴을 연구하자.

A09 반등할 가능성이 크므로 매수 포지션으로 대기한다

전날까지의 주가 움직임

매도세가 가속화되는 한편 거래량이 증가(7월 24일 장 마감 시점)

23일에 그동안 저항선이었던 27만 엔을 하회하며 저점이 붕괴되어 매도세가 가속화되고 있습니다. 다음 날인 24일에도 하락세가 이어집니다. 이틀간의 거래량은 평소보다 상당히 많아졌지만, 그래도 아직 반등을 확신할 수 없어 매수를 망설일 수도 있습니다.

최근 주가만 보고 있으면 눈치채지 못할 수도 있지만, 5월 중순 갭 상승으로 25일 이동평균선을 돌파했을 때, 25만 2,000엔에서 26만 엔까지의 가격대에 비교적 큰 갭이 발생했습니다. 사실 24일의 하락은 이 갭을 메우고 있는 것입니다. 반등 조건 중 하나를 충족하고 있는 셈입니다.

일본담배산업(2914) 일봉 차트 4월 27일~8월 7일

당일 공략법

시가 직후 하락한 지점에서 매수

27일 시가는 시장 상황의 영향으로 4,000엔 갭 상승해서 26만 6,600엔으로 시작했습니다. 하지만 최근 2일간의 하락 여파로 시가 직후 강한 매도세가 나타납니다. 이 시점에서 매수하는 것이 정답입니다. 전날까지 차트에서 반등 신호가 2개(갭 메우기와 거래량 증가)나 나타났기 때문입니다.

이익 실현 목표는 전 영업일인 24일의 시가와 그 전날인 23일의 종가 부근인 26만 엔 정도가 좋습니다. 이는 27만 엔에서 저점 붕괴 후 25만 엔까지 하락분의 절반을 회복한 지점이기도 합니다.

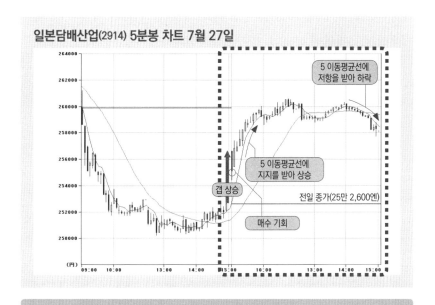

일본담배산업(2914) 5분봉 차트 7월 27일

> 🔑 일봉 차트의 갭을 놓치지 않도록 주의하자.

A10 사장의 사임으로 급락할 가능성이 크므로 공매도를 노린다

고가 구간에서 횡보(8월 26일 장 마감 시점)

6월 중순부터 7월 초까지 280엔에서 횡보가 이어졌지만 11일에는 큰 갭을 형성하며 급등했습니다. 17일에는 크레디트 스위스 증권이 목표 주가를 상향했기에, 그 때문에 시가는 갭 상승으로 시작했지만 이후 매도세에 밀려 하락했습니다. 상승 저항이 느껴지는 흐름 속에서 고가권 횡보가 이어지고 있습니다.

이런 상황에서 26일에 발표된 사장 사임의 영향은 상당히 클 것으로 예상되므로, 다음 날인 27일이 갭 하락으로 시작한다면 하방의 큰 갭을 메우려는 움직임이 나타날 것으로 예상됩니다.

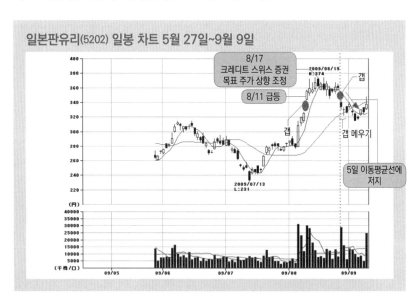

일본판유리(5202) 일봉 차트 5월 27일~9월 9일

당일 공략법

자신 있게 시가부터 공매도

시가는 전일 대비 20엔 하락한 340엔으로 시작했습니다. 사장 사임이라는 악재를 고려했을 때 이 하락폭이 크다고 볼지, 작다고 볼지는 판단하기 어렵지만, 시가 직후 순간적으로 343엔까지 매수세가 유입되었습니다.

하지만 시가 시점에서 이미 11일에 형성된 갭의 상단을 돌파했고, 지금까지 고가 구간에서 횡보를 지속했던 점을 감안하면, '좋은 매도 재료'로 받아들여져 매도세가 몰리면서 갭 하단인 330엔대 초반까지 서서히 하락할 것입니다.

이익 실현 목표는 오전장 중 330엔 초반의 횡보 타이밍입니다.

일본판유리(5202) **5분봉 차트 8월 27일**

전일 종가(360엔)

갭 하락

매도 기회

서서히 하락

이익 실현 기회

🔑 횡보장에서는 어느 한 방향으로 에너지를 방출할 재료를 기다리고 있다.

시가가 당일 최고가가 될 것이므로 공매도를 노린다

지금까지의 흐름을 무효화하는 TOB 보도(8월 7일 장 마감 시점)

7월 31일에 25일 이동평균선을 상향 돌파했지만, 6월 후반에 270엔에서 290엔 부근에 가격 저항대가 형성되어 그 하단의 저항을 받는 날들이 이어지고 있습니다. 전날 7일 장 마감 후에는 결산 발표가 있었으며, 대폭 하향 수정이 발표되었습니다.

이 하향 수정만이라면 10일은 큰 폭의 갭 하락으로 시작했겠지만, 그러한 예상을 뒤엎는 TOB 발표가 10일 아침에 보도되었습니다. TOB 가격 결정에 실적은 거의 관계없기 때문에 시가에 매수세가 몰릴 것으로 예상됩니다.

미쓰비시 레이온(3404) 일봉 차트 5월 8일~8월 21일

시가가 크게 갭 상승하면 공매도한다

시가는 348엔으로 전일 대비 +75엔, 상한가의 5틱 아래에서 시작했습니다. 솔직히 말해서 너무 많이 올랐습니다. TOB 발표가 사실이라고 해도 '연내 합의를 목표로 한다'는 수준이기 때문에 TOB 결정까지는 아직 상당한 시간이 걸릴 것으로 보입니다. 상한가에 붙어서 움직이는 전개는 생각하기 어렵고, 리스크도 상당히 낮으므로 자신 있게 공매도 합시다.

시가가 형성된 순간부터 매도세가 시작되어 340엔에서 일시적으로 저항에 부딪혔지만, 5 이동평균선의 지지도 없이 일시적으로 330엔을 하향 돌파했습니다. 그 후 조금 반등해 14시가 지날 때까지 330엔을 기준으로 횡보가 이어지고 있습니다.

미쓰비시 레이온(3404) 5분봉 차트 5월 10일

상한가(353엔)
매도 기회
5 이동평균선에서 저항을 받지 못함
갭 상승
330엔을 기준으로 횡보
전일 종가(273엔)

🔑 재료의 세부 내용에 주의하자!

A12 상한가까지는 가지 않지만, 기본적으로 매수

증권 대형사의 목표 주가 상향 조정 발표(6월 30일 장 마감 시점)

　6월 15일에 고가 389엔을 기록했지만, 그 후 반락해 24일에는 25일 이동평균선을 하향 돌파하고 300엔에 근접할 때까지 하락했습니다. 하지만 300엔 상방에서 5월 하순부터 6월 상순까지 횡보하며 가격 저항대를 형성했기 때문에 반등을 보였고, 그 후에는 25일 이동평균선을 기준으로 공방이 이어지고 있습니다. 7월 1일 장 시작 전, 골드만삭스의 상향 조정 소식이 시장에 퍼지면서 매수세가 크게 유입되어 시가가 매우 높게 형성될 것으로 예상됩니다. 다만 580엔이라는 높은 목표 주가는 임팩트가 매우 크기 때문에 시가 형성 이후 주가 움직임을 예측하기 어려울 수도 있습니다.

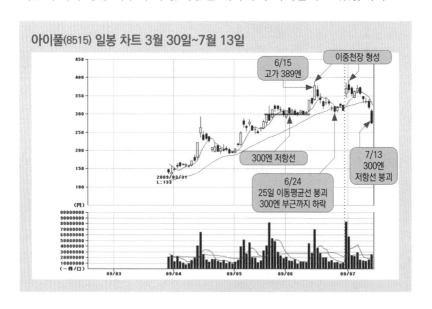

아이풀(8515) 일봉 차트 3월 30일~7월 13일

눌림목에서 매수 진입

시가는 355엔으로 전일 대비 +45엔으로 시작했습니다. 이미 전일 종가에서 약 14.5%나 상승했고, 350엔대를 중심으로 등락을 거듭한 후 과도한 상승으로 인해 순간적으로 345엔까지 매도세가 몰렸습니다. 다만 목표 주가 580엔은 이 시점보다 200엔 이상 높았기 때문에 5 이동평균선의 지지를 받아 곧바로 반등했습니다. 시장 분위기도 좋아 다시 350엔대로 진입했으며 오전장에는 한동안 격렬한 가격 변동이 이어졌습니다.

충분히 공매도를 유인한 후 오후장이 되자 단숨에 매수세가 몰리면서 일시적으로 전일 대비 70엔 상승한 385엔까지 오르기도 했지만, 상한가까지 매수되지는 못하고 반락해 종가는 371엔으로 마감했습니다.

아이풀(8515) 5분봉 차트 6월 30일

주가가 급등하는 후반부에는 상향 조정을 계기로 상승세가 마무리되는 경우도 적지 않다.

매수 자세로 기다린다.
5일 이동평균선의 지지를 받을 수 있다

상향 조정 후 강력한 주가 움직임이 이어진다

고가 구간에서 상향 조정이 이루어지면 조금 상승한 후 천장을 찍는 패턴도 자주 볼 수 있지만, 그런 경우에도 상향 조정 효과는 최소 며칠 간 지속됩니다. 상향 조정 발표로 3,000엔대를 돌파한 다음 날은 고가 3,230엔을 기록하며 긴 윗꼬리를 형성했습니다.

그다음 날은 조금 상승해 이 윗꼬리 부근에서 횡보를 보였습니다. 여기까지가 전날의 주가 움직임입니다만, 이 시점에서는 아직 조금 더 상승할 가능성이 느껴집니다. 그러나 미국의 영향을 받아 다음 날은 시장 분위기 악화로 인한 갭 하락이 확실하므로 윗꼬리를 돌파하기는 어려

후지필름 홀딩스(4901) 일봉 차트 4월 3일~7월 16일

워 보입니다.

시장 분위기로 인한 갭 하락을 전제로 시가 매수

시가 3,020엔에 뛰어들어 매수하는 것이 정답입니다. 상향 조정 발표일에 생긴 아래쪽 갭이 신경 쓰일 수도 있지만, 5일 이동평균선에 지지(전날 7월 2일 장 마감 후 시점에서 3,007엔)를 받고 있고, 특별한 악재도 없는 상황에서 갭 하락 후 3,000엔대가 무너지는 것은 생각하기 어렵습니다. 이런 이유로 매수에 대한 안정감이 상당히 높아 보입니다.

전날 저가 3,110엔까지 형성된 갭은 메워질 가능성이 있으므로 이익 실현 목표도 그보다 조금 앞쪽으로 잡는 것이 좋습니다.

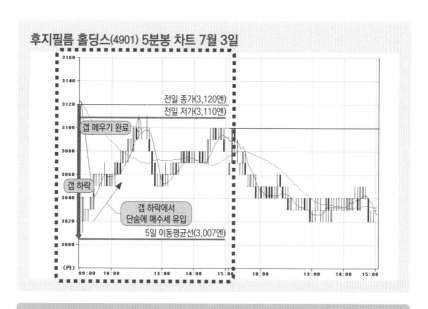

후지필름 홀딩스(4901) 5분봉 차트 7월 3일

💬 5일 이동평균선의 힘을 인식하자.

호재가 강력하고 주가 상승이 예상되므로 매수 자세로 기다린다

방향성을 모색하는 상황에서의 호재

6월에 고가 423엔을 기록한 후, 7월에 340엔 아래로 조정받았다가 반등해서 급등 직전 며칠 동안은 380엔 부근에서 횡보했습니다.

이처럼 방향성을 모색하는 상황에서 8월 26일 낮에 발표된 리튬전지 사업 진출 뉴스는 시세 상승을 위한 좋은 재료가 되었습니다. 리튬전지 관련 주는 올해의 주목받는 투자 테마였습니다. 2013년 양산 개시 예정으로 당장의 실적과는 무관하지만, 미쓰비시 중공업 같은 초대형주의 주가도 크게 출렁이게 만드는 영향력을 지녔습니다.

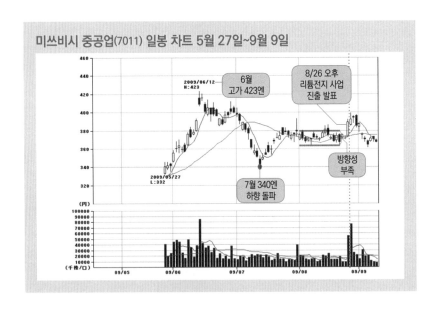

미쓰비시 중공업(7011) 일봉 차트 5월 27일~9월 9일

시초가 매수 후 즉시 매도

시초가는 다른 종목에 비해 갭 하락이 크지 않습니다. 전날 강세였던 종목에서 흔히 볼 수 있는 현상입니다. 이 시점에 매수하려면 용기가 필요하지만, '호랑이 굴에 들어가지 않으면 호랑이 새끼를 잡을 수 없다'라는 각오로 갭 하락 매수를 해야 합니다.

단 이 시초가 갭 하락 매수는 리스크도 높고 시간이 지나면 주가가 다시 하락해서 오히려 시초가보다 낮아지는 경우도 흔하기 때문에, 주가가 상승하든 하락하든 빨리 철수해야 합니다. 중요 가격대인 400엔 직전에서는 저항을 받을 가능성이 크므로 10엔의 차익을 노리는 396엔 정도가 적당할 것 같습니다.

미쓰비시 중공업(7011) 5분봉 차트 8월 27일

🔑 급등 다음 날의 갭 하락은 '시초가 매수 후 빠른 매도'를 노리자.

A15 요소가 너무 복잡하므로 기본적으로 관망하며 기다린다

기대와 경계감이 교차하는 결산 발표 전날(8월 3일 장 마감 시점)

먼저 스즈키입니다. 7월 중순 25일 이동평균선을 중심으로 횡보하다가 결산 발표가 가까워짐에 따라 좋은 실적에 대한 기대로 주가가 상승하기 시작했습니다. 결산 발표 당일에는 2,385엔에서 2,480엔까지 비교적 큰 범위에서 십자형 캔들이 나타났습니다. 이는 결산에 대한 기대와 발표 전에 이익을 확정하려는 움직임이 교차한 결과로 보는 것이 자연스러울 듯합니다. 좋은 실적이 예상된다고 해서 무조건 매수해야 하는 것은 아닙니다. 실적 전망 상향 수정도 없었던 것으로 볼 때 사실 이것은 이미 좋은 실적을 반영한 전형적인 차트 패턴입니다.

스즈키(7269) 일봉 차트 5월 7일~8월 17일

하향 조정 정보를 알게 된 시점에 매도

전날 30일에 좋은 실적을 발표했던 스즈키는 호가 공백으로 시작했습니다. 시가는 전일 대비 80엔 하락한 2,340엔으로 시작해서 5일 이동평균선을 하향 돌파했습니다. 그 직후에는 매도세에 밀려 2,315엔까지 떨어졌습니다.

사실 이것은 하향 조정의 영향입니다. 결산 발표 후 노무라 증권이 투자 등급을 '1(강세)'에서 '2(중립)'로 하향 조정했습니다. 시장에는 아직 그 사실이 널리 알려지지 않아 단순히 '재료 소멸'에 따른 하락으로 여겨졌고, 잠시 후 상당한 매수세가 유입되어 전일 저가와의 갭을 메웠습니다. 하지만 하향 조정 정보가 서서히 알려진 탓인지 오후장에는 2,303엔을 하향 돌파하게 됩니다.

스즈키(7269) 5분봉 차트 8월 4일

하향 조정 뉴스를 알고 있었다면
5일 이동평균선도 바로 위에 있으므로 매도 기회

전일 종가(2,420엔)

전일 저가(2,385엔)

갭 하락

잠정 5일 이동평균선(2,376엔)
오전장 저가
(2,315엔)

매수 기회   저점 붕괴

결산 발표 다음 날은 투자 등급 변경에 주의하자.

A16 상향 조정 효과가 나타날 것이므로 매수 자세로 기다린다

결산 기대로 급상승(7월 30일 장 마감 시점)

이어서 소니의 경우입니다. 7월 13일 저가 2,145엔을 기록한 다음 날에는 갭 상승으로 단숨에 5일 이동평균선 위로 주가가 회복되었습니다. 그 후에는 5일 이동평균선과 25일 이동평균선 사이에서 횡보하며 저점을 높였습니다.

30일에는 장 마감 후 발표될 결산에 대한 기대감으로 갭 상승과 함께 25일 이동평균선을 단숨에 돌파하며 주가가 크게 상승했습니다.

분기결산은 적자였지만 전 분기에 비해 수지가 크게 개선되었습니다. 이에 노무라 증권이 투자 등급을 2에서 1로, 목표 주가를 2,900엔

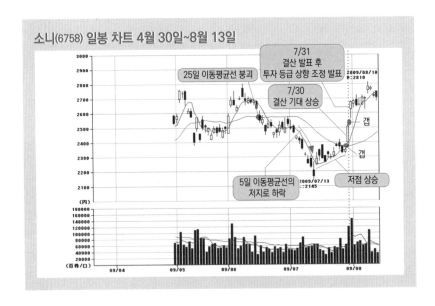

소니(6758) 일봉 차트 4월 30일~8월 13일

으로 상향 조정하면서 다음 날 강력한 상승세를 보이게 됩니다.

투자 등급 상향 정보를 알게 되는 즉시 매수

다음 날인 31일은 적자 대폭 축소와 좋은 시장 분위기로 인해 전일 대비 120엔 상승한 2,625엔으로 크게 갭 상승했습니다. 하지만 전날 30일에도 갭을 형성한 후 주가가 크게 상승했기 때문에, 두 번째 갭이라는 점에서 재료 소멸을 의식해 한동안은 매도세에 밀리는 양상이 이어집니다.

노무라 증권의 투자 등급 상향 조정은 10시가 지나면서 서서히 효과를 발휘해 상승하기 시작합니다. 오후장에는 오전장의 고가를 넘어서 종가에는 전일 대비 170엔까지 상승했습니다.

소니(6758) 5분봉 차트 7월 31일

🔑 투자 등급 변경은 바디 블로우(Body blow)처럼 서서히 효과가 나타납니다.

매수 자세로 기다린다.
상향 조정 효과로 주가 상승

결산에 대한 기대감과 경계감이 교차하고 있다(8월 4일 장 마감 시점)

6월 15일 195엔으로 고점을 찍은 후, 7월 13일에는 117엔까지 떨어졌다가 전날인 8월 4일에는 159엔을 기록하는 등 상당히 큰 변동 폭을 보이고 있습니다. 최근 3영업일 전에 25일 이동평균선을 돌파한 이후 다음 날에도 강한 상승세를 이어갔는데, 이는 결산에 대한 기대감이 반영된 것으로 보입니다. 전날인 4일에는 주가가 반락했습니다. 결산 발표를 앞두고 차익 실현 매물이 출회되면서 주가가 하락했고, 이를 본 투자자들이 결산 실적이 좋지 않을 것이라고 예상해 매도에 가담하면서 주가가 추가 하락한 패턴으로 보입니다. 하지만 실제 결산 결과는 매우 양호했으며, 곧 상향 수정 발표가 있을 예정입니다.

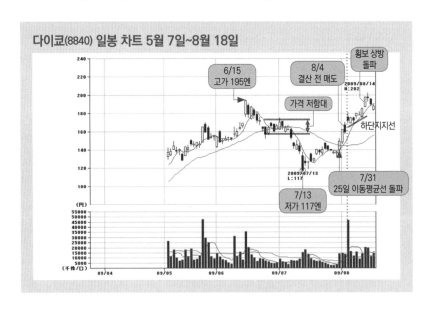

다이쿄(8840) 일봉 차트 5월 7일~8월 18일

당일 공략법

전일 고가와의 갭을 메운 후 매수

다음 날인 5일은 전일 대비 17엔 오른 176엔으로 시작합니다. 이 시점에서 이미 전일 대비 +10%로 170엔대의 가격 저항대를 넘어서며 상당히 높은 시가를 형성했습니다. 그럼에도 불구하고 상향 조정된 내용을 생각하면 아직 매수할 여력이 있다고 느껴지지만, 시가 형성 당시 발생한 전일 고가 170엔과의 갭이 마음에 걸립니다. 30분 가까이 간헐적으로 출현하는 대량 매도에 밀리는 전개가 이어집니다.

169엔까지 하락해 갭을 메운 시점이 매수 타이밍입니다. 오후장에는 181엔까지 상승했지만, 그 순간 대량 매도가 쏟아져 170엔대 후반에 매물대가 형성되었고, 이날 주가는 그 후 약세를 보였습니다.

다이쿄(8840) 5분봉 차트 8월 5일

🔑 호실적 등으로 주가가 크게 갭 상승했을 때는 시가에 바로 매수하지 않는다.

매수 자세로 대기.
거래량도 증가 추세이며 주가 상승 중

차트의 방향성은 보이지 않지만, 거래량은 소폭 증가[8월 3일 장 마감 시점]

차트를 봐도 최근 몇 개월 동안은 방향성을 알 수 없는 상황입니다. 저점에서 25일 이동평균선을 돌파한 이후, 25일 이동평균선 위에서 양봉과 음봉이 번갈아 나타나면서 주가가 숨 고르기 하고 있는 것을 알 수 있습니다. 다만 최근 이틀 동안 가격 저항대 바로 아래에서 거래량이 증가하고 있고, 25일 이동평균선이 뚜렷한 우상향을 그리고 있는 점이 눈에 띕니다. 이는 주가가 상승세로 전환될 수 있는 중요한 변곡점에 도달했음을 시사합니다. 결산은 적자를 기록했으나 큰 폭의 상향 수정이 이루어졌습니다. 시가는 갭 상승이 유력해 보이나, 차트상 강력한 양봉

NOK(7240) 일봉 차트 5월 1일~8월 14일

25일 이동평균선 상방에서 횡보

8/3 상향 수정 발표 다음 날

가격 저항대

25일 이동평균선 기울기는 상승

거래량이 조금 늘고 있다.

2009/05/14 L:982

2009/08/03 H:1345

이 부족한 점이 조금 마음에 걸립니다.

가격 저항대를 돌파하면 매수 진입

큰 폭의 상향 조정에도 불구하고 시가는 전날보다 59엔 높은(약 +5%) 1,220엔으로 시작합니다. 아마도 이 부근에 이전 가격 저항대가 형성되었기 때문인 것 같습니다만, 예상 시가와는 거리가 먼 소위 '가짜 시가'입니다. 시가 위치가 명백하게 너무 낮습니다. 이후 주가는 5 이동평균선의 지지를 받으며 공매도 세력의 숏스퀴즈 매수세까지 더해져 빠르게 상승했습니다. 시가가 이 가격으로 형성될 경우에 대비해 지정가 주문을 미리 넣어두는 것도 하나의 방법입니다. 상승 추세를 따라가는 전략이므로 5 이동평균선 이탈 시 손절매 조건으로 설정하면 큰 수익을 얻을 수 있습니다.

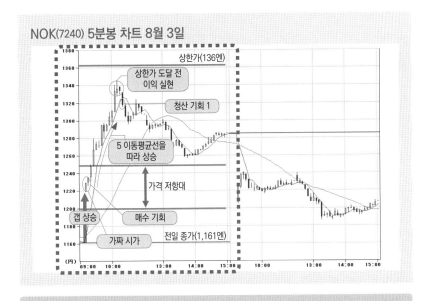

NOK(7240) 5분봉 차트 8월 3일

상한가(136엔)

상한가 도달 전
이익 실현

청산 기회 1

5 이동평균선을
따라 상승

가격 저항대

갭 상승

매수 기회

가짜 시가

전일 종가(1,161엔)

(円)

🔑 시가가 낮게 형성된 후 급등하는 패턴도 존재한다.

관망이 정답. 심리적 지지선에 힘입어 완전히 하락하지 않는다

전날까지의 주가 움직임

하향 수정이 발표되었지만 아래에는 25일 이동평균선과 1,000엔의 심리적 지지선이 있다(7월 31일 장 마감 시점)

7월 중순에 25일 이동평균선을 상향 돌파한 후 1,000엔 초반에서 횡보하다가 31일에는 상향 돌파해서 2단 상승하는 듯한 차트를 형성하고 있습니다. 이것만 보면 다음 날 매수하고 싶어지지만, '결산 발표 전 기대감으로 매수세가 유입되어 이런 차트가 형성되었다'라고 봐야 합니다. 그리고 기대했던 결산은 아쉽게도 하향 수정되었습니다. 다음 날은 갭 하락이 확실하지만 1,000엔 바로 아래에 25일 이동평균선이 있고, 1,000엔 부근에는 강력한 저항선이 2개나 존재합니다. 이러한 요인들이 다음 날 어떤 영향을 미칠지는 예측하기 어려운 상황입니다.

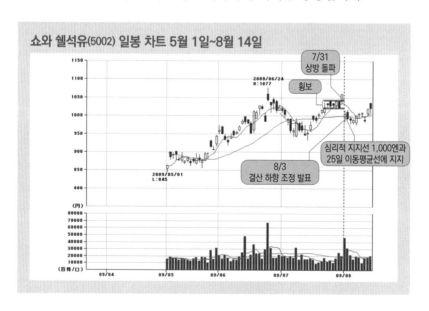

쇼와 쉘석유(5002) 일봉 차트 5월 1일~8월 14일

1,000엔과 25일 이동평균선이 지지선 역할을 하면서 움직임을 예측하기 어렵다.

하향 수정의 영향을 받아 갭 하락으로 출발했지만 25일 이동평균선인 999엔에 시가를 형성했습니다. 결산 발표에 대한 시장의 평가를 스스로 예측하기는 어렵습니다. 따라서 지금 당장 매수하는 것은 위험합니다. 현재 하락 압력에도 불구하고 주가가 강한 지지를 받고 있습니다.

1,000엔을 돌파하는 지점에서 매수하는 것이 정답입니다. 1% 상승한 1,010엔 부근에서 빠르게 이익을 확정하지 않으면 다시 강한 매도세에 밀려 손실을 볼 수 있습니다. 오후장부터는 흐름이 바뀌어 주가는 다시 1,000엔으로 돌아왔습니다. 바닥이 견고한 움직임을 보이고 있으며, 2개의 강력한 저항선이 지지선 역할을 하는 것을 알 수 있습니다.

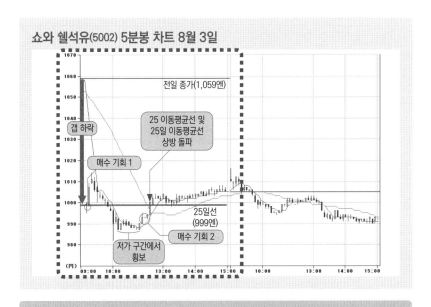

쇼와 쉘석유(5002) 5분봉 차트 8월 3일

⊜ 저항선이 2개 있으면 그 강도도 2배가 된다.

A20 관망이 정답. 25일 이동평균선에 지지받아 제한적 하락세

전날까지의 주가 움직임

상승 추세가 전환되어 전날 5일 이동평균선 하향 돌파(8월 5일 장 마감 시점)

오랫동안 25일 이동평균선의 지지를 받았지만, 한 번 25일 이동평균선을 하향 돌파해서 조정을 받고 있습니다. 7월 중순에 골든크로스가 발생한 이후, 5일 이동평균선의 기울기는 거의 일정하게 유지된 채 주가는 상승세를 이어왔습니다.

그러나 8월 4일 음봉이 나타난 후 다음 날인 5일에는 5일 이동평균선마저 붕괴되고 말았습니다. 이것이 지금까지의 시장 상황입니다.

5일 장 마감 후에 발표된 하향 조정은 애널리스트들의 평균 예측치를 크게 밑돌고 있어 큰 폭의 갭 하락이 예상됩니다.

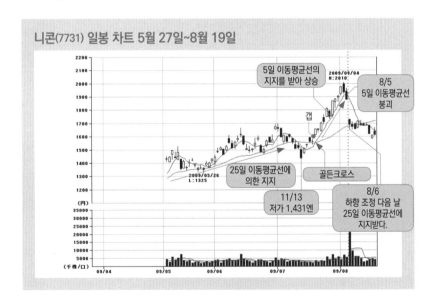

니콘(7731) 일봉 차트 5월 27일~8월 19일

갭 하락의 정도가 약해서 매수에도 매도에도 들어가기 어렵다

갭 하락에도 불구하고 시가가 높은 '가짜 시가'로 시작합니다. 장 시작 직후 매도세가 몰려 순식간에 1,700엔을 하향 돌파하고, 이어서 5 이동평균선까지 하락한 시점에서 추가 매도가 출현하며 1,650엔대까지 하락하는 2단 하락을 보이고 있습니다. 시가 고점 부근에서 매수한 투자자들이 1,700엔 하향 돌파 후 추가 하락 움직임을 견디지 못하고 보유 주식을 매도한 것으로 보입니다.

오후장은 갭 상승으로 시작해서 25일 이동평균선의 지지를 받아 다시 1,700엔을 상회했습니다. 이는 두 증권사의 '강력한 투자 등급 상향 효과'입니다. 그러나 오전장 고점 부근에서 이중천장을 형성하며 반락하기 시작합니다.

니콘(7731) 5분봉 차트 8월 6일

🔑 '실적 전망을 대폭 하향 수정했는데 투자 등급 상향'이라는 패턴도 있다.

매수 자세로 기다린다.
이미 반영된 사항이라 횡보할 것으로 보임

고가 구간 횡보에서 조정 단계로 진입(7월 9일 장 마감 시점)

7월 2일 발표된 6월 기존 점포 매출이 시장의 기대치를 하회하면서, 3일에는 갭 하락과 함께 25일 이동평균선 아래로 하락했고, 이후 하락세가 지속되고 있습니다. 9일 장 마감 즈음에는 실적 기대감으로 매수세가 유입되었으나, 5일 이동평균선의 저항을 받아 긴 윗꼬리를 남겼습니다. 9일 장 마감 후 실적 전망 상향 수정이 발표되었지만, 애널리스트들이 예측한 수준과 비슷해 이미 주가에 반영되었을 가능성이 큽니다. 다만 현재 고점 구간 횡보 후 하락해서 조정 국면에 진입한 상태이기 때문에, 이 발표가 다음 날 주가에 어떤 영향을 미칠지는 예측하기 어렵습니다.

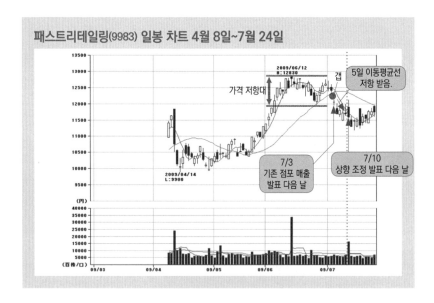

패스트리테일링(9983) 일봉 차트 4월 8일~7월 24일

횡보 국면에서 5일 이동평균선 터치를 노린다

시가는 갭 상승으로 5일 이동평균선을 돌파하며 시작합니다. 직후 11,700엔대까지 하락하지만 바로 아래 잠정 5일 이동평균선인 11,720엔이 있어 5일 이동평균선 터치를 노리고 이 지점에서 매수하는 것도 좋습니다. 곧바로 반등해 12,000엔대를 회복했습니다. 12,000엔 위는 가격 저항대이므로 매도세에 밀려 하락하게 됩니다.

다만 최근 저점인 11,480엔을 깨뜨릴 정도로 '나쁜 실적'은 아니므로 10시 이후 이 수준까지 하락했을 때 매수에 들어가는 것도 정답입니다. 오후장은 잠정 5일 이동평균선이 있는 11,720엔을 기준으로 횡보하지만, 장 마감에 가까워지며 매도세가 유입되었습니다.

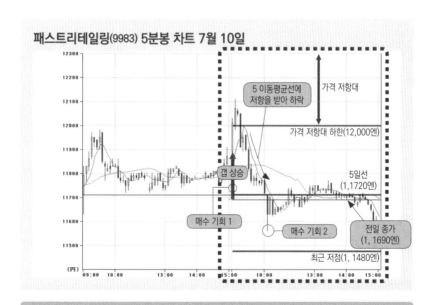

패스트리테일링(9983) 5분봉 차트 7월 10일

⚿ 재료 소멸로 이어지는 결산에는 주의하자.

A22 하향 조정은 이미 반영. 매수 자세로 대기

전날까지의 주가 움직임

저점을 높이며 상승 추세(7월 27일 장 마감 시점)

25일 이동평균선을 강하게 돌파한 후, 1,600엔 전후의 가격 저항대에 진입해 횡보하며 완만하게 상승하는 가운데 결산이 발표되었습니다. 27일 결산 발표는 하향 수정이었으나 영업 이익은 240억 엔으로 애널리스트 예측치인 130억 엔을 크게 상회했습니다.

다음 날 주가 움직임을 예상해보면 하향 수정 자체는 재료 소멸로 작용할 가능성이 큽니다. 그러나 시장 예측보다 하향 수정의 폭이 작게 끝난 것이 과연 서프라이즈가 될지는 판단하기 어렵습니다.

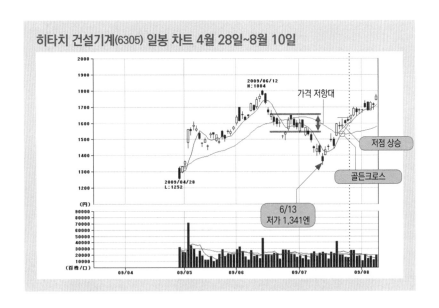

히타치 건설기계(6305) 일봉 차트 4월 28일~8월 10일

매수세가 강한 것을 확인하고 매수

주가는 소폭 갭 상승으로 출발. 실적 전망 반영 정도가 불확실한 상황에서 이 순간에 뛰어드는 것은 도박입니다. 시장에서도 강세와 약세 전망이 엇갈리며 매수세와 매도세가 교차하는 양상을 보입니다.

이후 매도세에 밀려 전일 종가인 1,613엔을 하회하고, 9시 30분경에는 1,600엔까지 하락했습니다. 하지만 바로 아래 1,595엔에 5일 이동평균선이 있어 1,600엔이 바닥으로 작용하며 반등했습니다. 이 시점과 25 이동평균선 및 전일 종가를 돌파한 1,610엔대 후반이 매수 타이밍입니다. 이후 유입된 매수세에 힘입어 종가는 1,649엔을 기록했습니다. 이에 따라 5일 이동평균선은 1,606엔까지 상승했고, 일봉 차트상으로는 5일 이동평균선 터치가 실현되었습니다.

히타치 건설기계(6305) 5분봉 차트 7월 28일

🗝 결산 평가는 애널리스트에게 맡기고 시장의 판단을 살펴보자.

A23 공매도를 노린다.
희석률이 높은 공모증자는 악재

공모증자 발표로 급락(6월 29일 장 마감 시점)

6월 15일 고점을 찍은 후 하락세를 보이다가 23일에 25일 이동평균선에 터치했으나, 저항에 막혀 반등하던 중 공모증자 발표가 있었습니다. 이번에 발표된 공모증자는 규모가 크고 희석률이 높아 상당한 악재로 작용할 것으로 보입니다. 발표 다음 날인 29일은 하한가인 568엔으로 시작했다가 매수세가 유입되며 잠시 600엔대를 회복했습니다. 하지만 전일 종가가 668엔이었고, 발행 주식수가 20%를 크게 상회하는 증가율을 보이는 상황에서 600엔을 넘어 상승세를 이어나가기는 어려워 보입니다. 장 마감에 가까워지며 매도세가 유입되어 종가는 587엔을 기록했습니다. 다음 날 닛케이지수와 함께 다이와 증권도 갭 상승한다

다이와 증권 그룹 본사(8601) 일봉 차트 3월 30일~7월 13일

면 공매도를 노려볼 만합니다.

당일 공략법

악재가 너무 강력하므로 자신감을 갖고 공매도한다.

30일 시가는 좋은 시장 분위기의 영향을 받아 전일 종가 587엔보다 7엔 갭 상승한 594엔으로 시작했습니다. 앞서 설명했듯이, 600엔을 넘어 추가 상승할 가능성은 거의 없습니다. 리스크가 낮으므로 자신을 갖고 시가에 공매도합시다. 골드만삭스가 30일자 보고서에서 공모증자로 인해 다이와 증권의 투자 등급을 하향 조정한 영향으로, 오전장에서는 일방적인 하락세를 보이며 일시적으로 전날 저가인 568엔마저 하회할 만큼 매도세가 유입되었습니다. 오후장에서는 매수세가 유입되어 일시적으로 580엔을 회복했지만, 이후 다시 매도세에 밀려 종가는 575엔으로 마감했습니다.

다이와 증권 그룹 본사(8601) 5분봉 차트 6월 30일

🔑 재료 발표 이틀 후부터 주가 움직임이 정상으로 돌아온다.

A24 매수 자세로 대기. 공격적인 투자로 인해 주가는 상승할 것

하락 추세 속에서 공모증자 발표(7월 29일 장 마감 시점)

GS 유아사는 환경 관련 배터리 종목의 대표 주자입니다. 시대의 흐름을 타고 꾸준히 상승해서 6월 18일에는 1,228엔의 고점을 기록했습니다. 이후 이 지점이 천장이 되어 다음 날부터 매도세가 이어졌고, 7월 13일에는 종가 715엔을 기록했습니다. 고점에서 충분한 조정이 이루어진 시점에 공모증자가 발표되었는데, 일반적으로는 악재로 여겨지는 공모증자가 이번에는 희석률이 낮고 공격적인 투자 계획이라는 점에서 오히려 긍정적인 평가를 얻어 재차 주목받을 가능성이 커 보입니다.

차트상으로는 순조롭게 상승세를 이어온 것처럼 보이지만 자세히 보면 4월 중순부터 5월 중순까지 700엔 부근에서 박스권을 형성하고 있

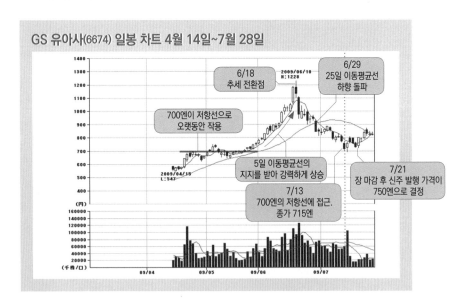

GS 유아사(6674) 일봉 차트 4월 14일~7월 28일

습니다. 이 부근이 아주 강력한 저항선으로 작용할 것으로 예상됩니다.

당일 공략법

공격적인 증자로 희석률도 낮아 공황매도가 종료된 시점에 매수

장은 미세한 갭 상승으로 시작됩니다. 공모증자를 발표한 다음 날은 보통 갭 하락으로 시작되는 것이 일반적인데, 역시 공격적인 투자라는 점이 좋은 평가를 받은 것 같습니다. 하지만 기본적으로 공모증자는 악재로 인식되는 경향이 있습니다. 그 때문에 장 시작과 함께 매도세가 몰리며 단숨에 700엔 선이 무너지고 688엔까지 급락했습니다. 이때 매수 세력이 의도적으로 공황매도를 유도해 공매도 물량을 충분히 확보한 후, 빠르게 전일 종가 수준까지 주가를 끌어올립니다. 이후 25 이동평균선까지 조정을 받은 후 횡보하다가, 2단 상승으로 장 초반 고점이었던 727엔을 돌파하며 더욱 강력한 상승세를 보이고 있습니다.

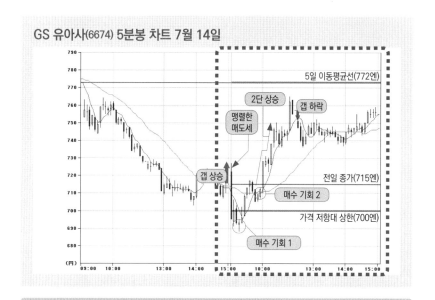

GS 유아사(6674) **5분봉 차트 7월 14일**

🔑 공모증자는 내용에 따라 호재가 될지, 악재가 될지 결정된다.

A25 공매도를 노린다. 자금 조달 측면의 불안감으로 주가 하락 예상

전날까지의 주가 움직임

상승 추세가 지속되고 있다(7월 29일 장 마감 시점)

27일 조간신문의 보도로 인해 큰 폭의 갭 상승과 함께 시가 302엔으로 시작해서 단숨에 매수세가 몰리며 고가 314엔을 기록합니다. 하지만 6월 중순부터 7월 초순까지 300엔에서 315엔 사이에 형성된 가격 저항대의 영향으로, 이후 점차 매도세에 밀리며 304엔으로 마감해 긴 윗꼬리를 형성합니다. 다음 날로 예정된 결산 발표에서는 결산 내용 중요하지만, 보도된 내용의 실제 공표 여부가 핵심이 될 것으로 보입니다. 완전 자회사화가 발표된다고 하더라도, 보도대로라면 모기업인 히타치 제작소가 3,000억 엔의 자금을 어떻게 조달할 것인지가 관건입니다. 따라서 히타치 제작소 입장에서는 이번 발표가 순수한 호재로 작용하기

히타치 제작소(6501) 일봉 차트 4월 28일~8월 10일

어려운 측면이 있어, 주의가 필요한 상황입니다.

거래 재개 후 공매도

오후장 결산 발표까지는 관망세가 이어집니다. 13시 결산 발표와 함께 30분간 거래가 정지되었는데, 이는 거래 시간 중 중대한 발표나 보도가 있을 경우, 시장 참여자들에게 정보를 충분히 전달하기 위한 조치입니다. 거래 재개 후 주가는 2엔 갭 하락한 303엔에서 시작해 곧바로 295엔까지 급락했습니다. 이는 결산 내용이 특별한 호재가 되지 못한데다, 사장이 언급한 "폭넓은 자금 조달을 검토하겠다"라는 발언이 공모증자 가능성에 대한 우려를 키웠기 때문입니다. 이후 25일 이동평균선을 터치한 후 293엔으로 마감하며, 전날 발생했던 갭 상승 구간을 메우는 형태로 거래를 마쳤습니다.

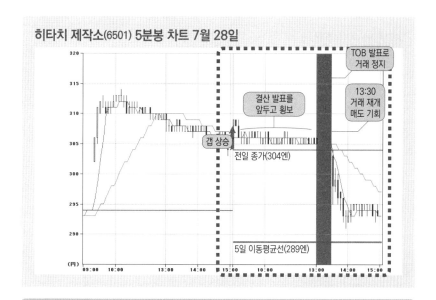

히타치 제작소(6501) 5분봉 차트 7월 28일

💬 TOB를 하는 측 입장에서 TOB 발표가 반드시 호재인 것은 아니다.

A26 매수 자세로 대기. 모회사에 인수되므로 안심할 수 있다

전날까지의 주가 움직임

장기간 박스권 장세가 지속되고 있다(7월 27일 장 마감 시점)

　최근 두 달가량 1,050엔에서 1,250엔 사이에서 박스권 장세가 이어지고 있습니다. TOB 보도가 있었던 27일에는 장 시작 전부터 매수세가 쇄도해 상한가 매수 잔량만 남은 채 장이 마감되며, 비례배분 되었습니다.

　다음 날 28일은 모회사인 히타치와 함께 결산 발표가 있습니다. 만약 TOB 발표가 있을 경우 당연히 매수 가격이 제시됩니다. 발표 시점의 주가보다 프리미엄을 붙이는 것이 일반적이므로 TOB가 발표될 경우 수익률은 엄청나겠지만, 공식 발표가 없다면 27일에 이미 상한가까지 상승했던 만큼 하락 리스크도 큽니다. 어느 정도까지 매수 포지션을 취하고 발표를 기다릴지 고민되는 상황입니다.

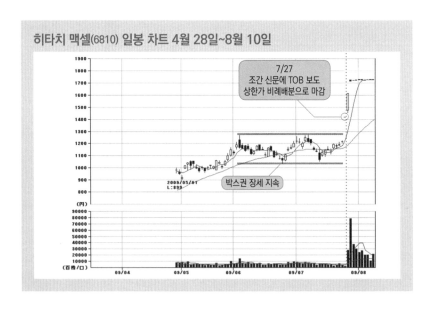

히타치 맥셀(6810) **일봉 차트 4월 28일~8월 10일**

정식 발표 전 매수

오전장 시가는 전일 대비 60엔 오른 1,474엔입니다. 시가가 낮게 형성되었다고 판단했는지 곧바로 1,500엔까지 상승했습니다. 한동안 1,500엔을 중심으로 등락이 반복되었으나, 정오가 지나 결산 발표가 다가올수록 불안감이 고조되어 10시 이후부터는 매도세에 밀리며 오후장 초반 1,450엔대까지 하락했습니다.

13시 결산 발표와 함께 히타치 맥셀을 포함한 5개 자회사에 대한 TOB가 공식 발표되었습니다. 맥셀의 TOB 가격은 1,740엔으로 결정되었으며, 13시 30분까지 거래 정지 시간 동안 매수 주문이 쇄도했습니다. 거래 재개 후에도 매수세가 이어지며 상한가에 도달했고, 장 마감 시에는 전날과 마찬가지로 상한가 비례배분으로 처리되었습니다.

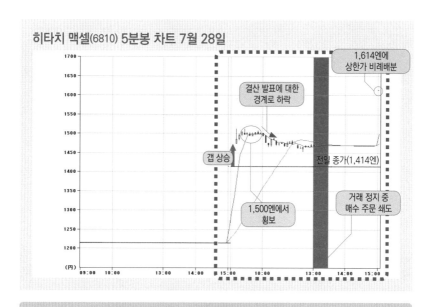

히타치 맥셀(6810) 5분봉 차트 7월 28일

1,614엔에 상한가 비례배분

결산 발표에 대한 경계로 하락

갭 상승

전일 종가(1,414엔)

1,500엔에서 횡보

거래 정지 중 매수 주문 쇄도

> 🔑 TOB 대상이 되는 쪽은 당연히 매수 신호.

A27 매수 자세로 기다린다. 실적은 예상을 상회

상승 추세가 이어지는 가운데 호실적 발표(7월 29일 장 마감 시점)

Q05에서 7월 8일에 바닥을 하향 돌파했던 혼다 기연의 후속 차트입니다. 9일에 갭 하락으로 2,300엔의 저가를 기록한 후에는 추세가 전환되었습니다. 5일 이동평균선의 지지를 받으며 급격한 상승 추세에 진입, 29일에는 2,770엔의 고가로 마감해 6월 중순에 형성된 갭을 거의 메운 상태로 마무리되었습니다. 29일 장 마감 후 발표된 결산에서는 예상을 상회하는 실적과 함께 실적 전망 상향 수정이 발표되었습니다. 이로 인해 다음 날은 큰 폭의 갭 상승이 예상되지만, 시가가 높게 형성될 경우 2,300엔 저점에서 급격히 상승해온 점을 고려하면 향후 가격 흐름을 예측하기는 쉽지 않아 보입니다.

혼다 기연공업(7267) 일봉 차트 4월 30일~8월 12일

시가 형성 후 하락하지 않는 것을 확인하고 매수에 들어간다

장 시작 전부터 대량의 매수 주문이 쏟아지며 시가는 전일 종가 대비 240엔 상승한 3,010엔으로 시작합니다. 하지만 고가 구간에서의 큰 갭 상승과 3,000엔대 진입이 겹치면서 시가 형성 직후 연이어 매도 물량이 쏟아졌습니다. 다만 주가가 소폭만 하락해도 이를 지지하는 매도세 또한 계속해서 유입되어, 한동안 3,000엔 아래에서 공방이 이어졌습니다. 14시 이후 다시 3,000엔을 회복했으나 추가 상승으로 이어지지는 못했습니다.

이날은 최근 들어 가장 많은 거래량을 기록했지만, 시가 3,010엔, 고가 3,020엔, 저가 2,975엔, 종가 3,010엔으로 매우 제한된 범위 내에서 등락이 이루어졌습니다.

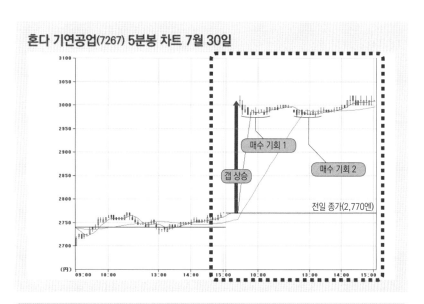

혼다 기연공업(7267) 5분봉 차트 7월 30일

누구나 예상할 수 있는 호실적은 시가 형성 이후 주가 움직임을 예측하기 어렵다.

A28 매수 자세로 기다린다. 결산에 대한 기대감으로 상승

횡보가 이어지는 가운데 자동차 주식의 호실적 확인(8월 25일 장 마감 시점)

고점에서 하락한 이후 6월 하순부터 7월 초순에 걸쳐 245엔 부근을 중심으로 횡보하며 가격 저항대를 형성하고 있습니다. 이후 하향 돌파가 발생해 2단 하락을 보인 뒤 소폭 반등합니다.

7월 16일 도요타와 기술 제휴가 발표되면서 큰 폭의 갭 상승을 보였지만 가격 저항대 돌파에는 실패, 장 시작 직후 최고가를 찍은 후 계속 하락해 장대 음봉으로 마감했습니다. 그러나 이후 갭을 메우지 않고 원래 가격대로 돌아와 다시 가격 저항대에서 횡보가 이어지고 있습니다.

이런 상황에서 앞서 언급했던 혼다 기연과 닛산의 호실적이 발표되었습니다(29일). 다음 날 예정된 결산 발표에 대한 기대감으로 가격 저항

마쓰다(7261) 일봉 차트 4월 30일~7월 29일

대를 돌파해 큰 폭의 상승이 예상됩니다.

눌림목을 찾아 매수한다

시가는 7엔 갭 상승한 250엔으로 시작합니다. 하지만 가격 저항대를 완전히 돌파하지 못한 상태고, 전일 고가인 248엔과의 사이에 갭도 있어서 잠시 매도세에 밀립니다. 갭을 메운 후에는 강한 매수세가 유입되었고, 이후 횡보하면서도 점차 매수세가 강해지기 시작합니다.

가격 저항대 상한선인 254엔을 돌파한 후에는 단숨에 260엔까지 상승합니다. 단시간에 급등한 반작용으로 한차례 눌림목이 나타났으나 25 이동평균선의 지지를 받으며 다시 조금씩 상승해서 종가는 264엔을 기록했습니다. 결과적으로, 호실적을 발표한 혼다보다 결산 발표를 앞둔 마쓰다를 시가에 매수했을 때 더 높은 수익을 얻을 수 있습니다.

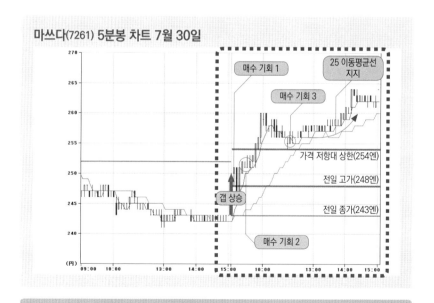

마쓰다(7261) 5분봉 차트 7월 30일

🔑 동종업계 종목의 결산 발표를 잘 활용하자.

A29 상한가 이후 하락할 것이 예상되므로 공매도를 노린다

전날까지의 주가 움직임

25일 이동평균선 전후로 횡보 중에 호실적 발표(8월 3일 장 마감 시점)

6월 하순부터 7월 초순까지 850엔을 기준으로 공방이 이어졌지만, 시장 분위기의 영향으로 한 차례 하락했습니다. 그러나 곧바로 가격을 회복해 25일 이동평균선 부근에서 장기간 등락을 거듭하다가, 4영업일 전인 7월 29일 마침내 상향 돌파했습니다. 하지만 이후 850엔 부근의 가격 저항대에서 또다시 횡보 중입니다. 이런 상황에서 전날인 8월 3일 장 마감 후, 향후 실적 상향 수정이 유력한 분기 결산이 발표되었습니다. 다음 날인 4일의 상한가는 942원을 기록했지만, 이 정도 상승으로는 6월 중순의 고점인 950엔을 돌파하기는 어려울 것으로 보입니다. 리스크는 높아 보이지만 공매도 기회를 엿볼 만한 상황입니다.

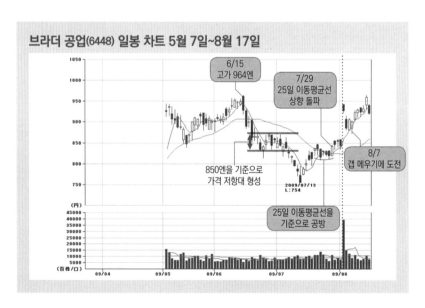

브라더 공업(6448) 일봉 차트 5월 7일~8월 17일

오후장에서 주가가 상한가에 도달하지 않는 것을 확인한 후 공매도한다

오전장 상한가에서 공매도에 들어가는 것도, 그 직후 930엔까지 하락하기를 노려 눌림목에서 매수하는 것도, 모두 큰 용기가 필요합니다. 매도하는 쪽은 주가가 상한가에 고착되어 빠져나오지 못할 수 있다는 공포와 싸워야 하고, 매수하는 쪽은 상한가 근처에서 매수한 후 주가가 급락해서 큰 손실을 볼지도 모른다는 공포와 싸워야 하기 때문입니다.

오전장은 상한가인 924엔에 도달했다가 떨어지기를 반복하며 매수·매도, 양측 모두 마음을 졸이는 전개가 이어집니다. 오후장에 들어 주가가 소폭 하락하고 당분간 상한가에 도달하지 않을 것 같다고 판단되는 시점에 공매도를 시작하는 것이 가장 안전합니다. 환매수나 신규 매수는 모두 25 이동평균선이 현재 가격에 근접할 때를 노리는 것이 좋습니다.

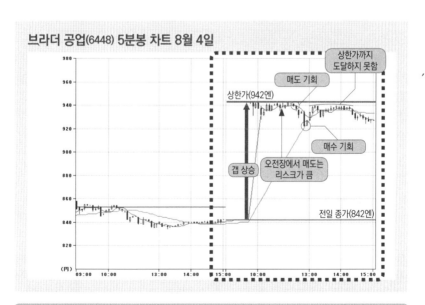

브라더 공업(6448) 5분봉 차트 8월 4일

상한가까지 도달하지 못함
매도 기회
상한가(942엔)
매수 기회
갭 상승
오전장에서 매도는 리스크가 큼
전일 종가(842엔)

🔑 상한가 근처에서 역매매할 때는 가격 고착화의 위험이 낮은 지점에서 실행한다.

A30 공매도를 노린다. 하한가에 바짝 붙인다

전날까지의 주가 움직임

하락 추세에 실적 부진까지 판명(8월 6일 장 마감 시점)

25일 이동평균선 아래에서 움직이던 주가는 7월 27일 25일 이동평균선을 상향 돌파하며 1,000엔을 넘어섰습니다. 6월 중순에 형성된 1,030엔 부근의 갭을 메운 후 다시 하락세로 전환되었으나, 8월 6일에는 25일 이동평균선에서 저항을 받고 큰 폭의 반등을 보였습니다. 이는 장 마감 후 결산 발표에 대한 기대감이 반영된 것이지만, 실제 발표된 분기 실적을 보면 향후 실적 하향 수정이 불가피해 보여 갭 하락이 예상됩니다. 6일 종가는 991엔, 다음 날인 7일은 하한가인 891엔을 기록했습니다. 하한가 부근에서 거래가 시작된다면 매수 진입을 노려볼 만합니다. 다만 이번 악재와 함께 5일 종가인 957엔 수준도 함께 고려해볼 필요가 있습니다.

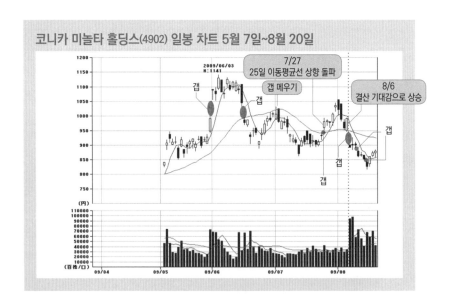

코니카 미놀타 홀딩스(4902) 일봉 차트 5월 7일~8월 20일

장 시작 직후 공매도

시가는 하한가보다 10엔 높은 901엔에 형성됩니다. 10틱 아래에 하한가가 있어서 매수자들은 '손절매가 용이하다'라는 생각에 안심할 수도 있지만, 5일 종가가 957엔이었던 점을 고려하면 큰 반등을 기대하기는 어려워 보입니다. 오히려 하한가를 찍을 가능성을 염두에 두고 시가 동향을 살펴본 후 공매도에 진입하는 것이 좋겠습니다(물론 용기가 필요합니다). 실제로 시가 직후 900엔 선이 붕괴되며 하한가인 891엔까지 천천히 하락했습니다. 하한가와 반등을 몇 차례 반복했으나 주가 움직임이 약한 것을 고려하면, 이 시점에 반등을 노리는 것은 리스크가 너무 큽니다. 결국 장 마감까지 하한가에서 벗어나지 못한 채 거래가 종료되었습니다.

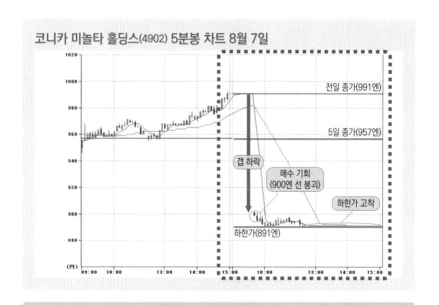

코니카 미놀타 홀딩스(4902) 5분봉 차트 8월 7일

전일 종가(991엔)
5일 종가(957엔)
갭 하락
매수 기회 (900엔 선 붕괴)
하한가 고착
하한가(891엔)

🔑 전날 종가와의 차이에만 얽매이지 말 것!

31 큰 폭의 반등이 예상되므로
매수 자세로 대기할 것

일방적인 하락 추세(7월 8일 장 마감 시점)

5월 말 주가는 10,000엔을 회복, 이후 5일 이동평균선의 지지를 받으며 급상승해 단숨에 20,000엔대에 진입했습니다. 22,000엔을 기준으로 잠시 횡보한 후 급락해서 이번에는 25일 이동평균선 부근에서 며칠간 횡보하고 있습니다. 그러나 25일 이동평균선을 하향 돌파한 후에는 5일 이동평균선의 저항을 받으며 급락, 7월 8일에는 저가 10,020엔을 기록하며 10,000엔 붕괴를 눈앞에 두고 있습니다. 거래량은 증가하지 않았지만, 22,000엔→16,000엔→10,000엔이라는 구간은 2단 하락의 저점이라는 점에서 의미 있는 지지선으로 작용할 수 있습니다. 무엇보다 10,000엔은 중요한 심리적 저항선으로 작용할 가능성이 큽니다. 따라서 다음 날

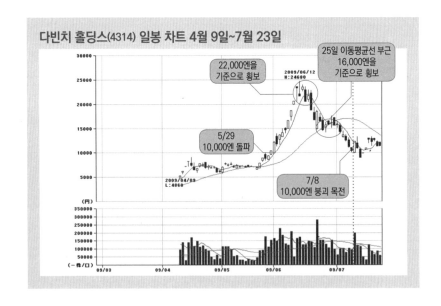

다빈치 홀딩스(4314) 일봉 차트 4월 9일~7월 23일

10,000엔이 붕괴된다면, 그 시점에서 매수 진입을 고려해볼 만합니다.

10,000엔 선 붕괴 후 반등 직후 '매수'

시가는 갭 하락으로 10,000엔에 시작합니다. 그 직후 잠시 10,000엔 선이 무너졌으나 매수세가 유입되며 오히려 전일 종가인 10,330엔을 쉽게 회복했습니다. 고점 대비 절반 이하로 하락한 상태에서 매도세가 일단락된 것이 원인으로 보입니다. 25 이동평균선이 바로 아래에 위치해 있고, 그 아래로는 한 차례 하향 돌파했던 10,000엔이라는 심리적 지지선도 있어, 이 구간에서의 횡보는 매수 심리에 안정감을 줍니다. 9시 30분경부터는 상승세로 전환되어 5 이동평균선의 지지를 받으며 단숨에 상한가인 12,330엔까지 상승합니다. 이 시점에서 매도 물량이 출회되며, 여러 차례 하락한 것은 잠정 5일 이동평균선이 11,880엔에 위치해 저항선으로 작용했기 때문입니다.

다빈치 홀딩스(4314) 5분봉 차트 7월 9일

🔑 2단 하락의 저점을 찾아보자.

A32 큰 폭의 반락이 예상되므로 공매도를 노린다

전날까지의 주가 움직임

일방적인 상승 추세가 이어지고 있다(8월 3일 장 마감 시점)

31일은 오전장 종료 후 실적 전망 상향 수정이 발표되어 오후장에 일시적으로 매수세가 몰렸습니다. 그러나 주가는 이미 상승 추세였던 탓에 재료 소멸에 대한 우려로 매도세가 유입되면서 긴 윗꼬리를 형성했습니다. 다음 영업일인 3일에는 UBS 증권의 투자 등급 상향 조정과 목표 주가 상향으로 매수세가 유입되었고, 환매수까지 더해지면서 주가가 추가 상승했습니다. 다음 날인 4일에는 뉴욕 시장이 연초 이후 최고치를 경신함에 따라 일본 시장 전체가 일제히 갭 상승으로 출발할 것으로 예상됩니다. 덴소 역시 갭 상승할 경우, 급등세를 보이는 고가 구간에서 갭이 발생하게 되므로 매도 기회가 될 수 있습니다.

덴소(6902) 일봉 차트 5월 1일~8월 17일

일시적 하락을 예상하고 공매도한다

갭 상승으로 시작해 순조롭게 3,000엔의 벽을 돌파하지만, 잠시 그 구간에서 횡보합니다. 리스크는 높지만 고가 구간에서 다시 한번 갭 상승이 발생해 과감한 매도 진입을 시도해볼 만합니다. 3,000엔 이상으로 상승하지 못하고 하락하지만, 25 이동평균선의 지지를 받아 2,970엔 부근에서 횡보가 이어집니다. 이 구간이 절호의 매도 타이밍입니다. 다시 3,000엔을 돌파해 추가 상승하기보다는 바로 아래에 있는 전일 고가 구간과의 갭을 메우는 것이 더 자연스러운 흐름이기 때문입니다.

결국 오후장에 들어서며 오전장 고가에서 매수한 투자자들의 손절매 물량이 출회되면서 주가는 서서히 하락해 2,960엔으로 마감, 결과적으로 처참한 '시가 최고가 후 하락세'를 기록했습니다.

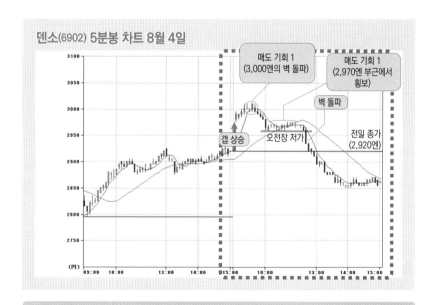

덴소(6902) 5분봉 차트 8월 4일

매도 기회 1 (3,000엔의 벽 돌파)

매도 기회 1 (2,970엔 부근에서 횡보)

벽 돌파

갭 상승

오전장 저가

전일 종가 (2,920엔)

일방적인 주가 흐름의 경우, 돌파하면서 큰 갭이 발생했을 때가 기회.

A33 매수 자세로 대기. 대주(貸株) 급증을 놓치지 말 것

GS 유아사 대비 강세가 감지된다(7월 22일 장 마감 시점)

Q24에서 다룬 GS 유아사와 유사한 상승 차트를 그리고 있습니다. 둘 다 같은 배터리 관련 주로 인식되어 주가 연동성을 보이기 때문입니다. 6월 18일에 고점을 기록한 후 유아사처럼 조정 국면에 진입했으나, 고점 대비 하락 폭은 상대적으로 작은 편입니다.

7월 14일과 7월 21일에 나타난 강력한 양봉은 유아사와 동일합니다. 다만 문제에서 언급했듯이, 전날인 22일에 유아사는 하락했지만, 메이덴샤는 상승하며 메이덴샤의 강세가 두드러지는 결과를 보여줍니다. 23일은 바로 위에 있는 25일 이동평균선 돌파 여부가 중요한 변수가 될 것으로 보입니다. 만약 돌파에 성공할 경우, 대주 또한 급증하고 있

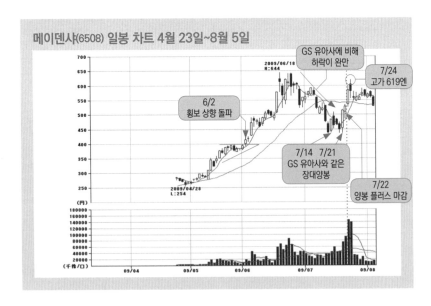

메이덴샤(6508) 일봉 차트 4월 23일~8월 5일

어서 숏스퀴즈 장세에 돌입할 가능성도 있습니다.

추세추종을 전제로 눌림목에 매수한다

시가는 갭 상승하며 535엔으로 시작합니다. 장 시작 직후 강한 매도
세로 인해 두 차례 정도 전일 종가인 528엔까지 하락했으나, 곧바로 반
등하며 530엔대를 회복했습니다. 540엔을 돌파하자 25일 이동평균선
인 542엔은 전혀 저항선으로 작용하지 못했고, 통상적으로 매도 물량이
집중되기 쉬운 550엔이라는 가격 저항선 역시 단순한 통과점에 그치며
빠르게 560엔까지 상승했습니다. 두 저항선이 무력화된 것은 압도적인
매수 압력이 작용했기 때문입니다. 560엔을 중심으로 한 횡보 국면에서
도 하락 신호는 전혀 보이지 않고, 오히려 추가 매수세에 힘입어 2단 상
승을 기록하며 오후장에는 일시적으로 599엔까지 치솟았습니다.

메이덴샤(6508) 5분봉 차트 7월 23일

🔑 숏스퀴즈 장세라고 불리는 주가 움직임에 대해 알아두자.

A34 보도로 인해 큰 폭의 상승이 예상되므로 매수 자세로 기다린다

전날까지의 주가 움직임

멕시코에서 돼지 독감 유행 이후 장기간 횡보(8월 18일 장 마감 기준)

4월 하순 멕시코에서 돼지독감 감염이 확산되고 있다는 소식에 독감 관련 주로 주목받으며 급등했습니다.

150엔 위쪽에서 횡보 후 한차례 하락하려는 움직임을 보였지만, 5월 16일 일본에서 처음으로 신종독감 사례 세 건이 보고되면서 다시 상승세로 전환했습니다. 그러나 5월 25일 갭 하락한 이후에는 150엔 부근에서 7월 중순까지 횡보가 이어집니다.

여름이 되어 독감 감염이 잇따르면서 다시 매수세가 유입되기 시작해, 8월 17일은 갭 상승 후 음봉으로 마감했습니다. 다음 날인 18일은 갭 상승 이후 강력한 양봉을 기록했으며, 이러한 상승 과정에서 대량의

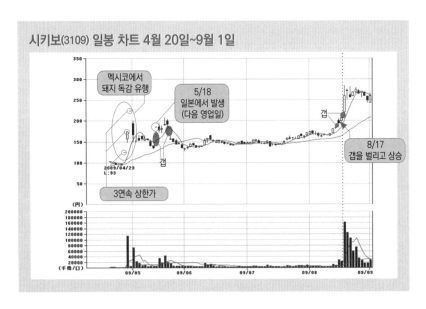

시키보(3109) 일봉 차트 4월 20일~9월 1일

공매도가 유입되었습니다.

추세추종을 전제로 눌림목에서 매수

시가는 큰 폭의 갭 상승으로 전일 대비 +14엔인 221엔에 시작됩니다. 한 차례 219엔을 찍은 후 약 30분간 220엔대 초반을 중심으로 횡보하는데, 이것이 유일한 횡보 구간입니다. 9시 30분이 지나 220엔까지 다시 하락했을 때, 이번에는 220엔이 무너지지 않는 것을 확인하고 매수에 들어가는 것이 좋습니다.

오후장은 갭 상승으로 241엔에 시작됩니다. 공매도 물량이 많아 대차 비율이 매우 낮은 상황에서 오후장이 갭 상승으로 시작하는 것은 완벽한 숏스퀴즈 장세입니다. 단숨에 280엔까지 상승하지만, 상한가인 287엔에는 도달하지 못하고 종가는 260엔을 기록했습니다.

시키보(3109) 5분봉 차트 8월 19일

🔑 시류를 탄 종목은 거스르지 말자.

A35 큰 폭의 반락이 예상되므로 공매도를 노린다

장 마감 직전 폭등한 전날(8월 13일 장 마감 기준)

기본적으로 2,000엔에서 2,200엔대를 중심으로 가격 움직임이 이어졌으나, 8월에 들어서면서 2,300엔까지 주가가 상승했습니다. 하지만 8월 12일 오전장 종료 후 점심시간에 실적 전망 하향 수정이 발표되면서 일시적으로 2,000엔을 하회할 만큼 매도세가 몰렸다가, 아랫꼬리를 형성하며 25일 이동평균선 부근까지 주가를 회복했습니다. 다음 날인 13일은 대부분 2,100엔 부근에서 움직이다가 장 마감을 앞두고 갑자기 폭등했습니다.

장 마감 이후 그 이유가 밝혀졌습니다. 실적과는 무관한 이슈였기 때문에 다음 날인 14일은 큰 폭의 갭 하락으로 시작될 것으로 예상되지

히카리 통신(9435) 일봉 차트 5월 14일~8월 27일

만, 2,100엔보다 훨씬 높은 가격에 시작된다면 공매도 기회가 있을 것으로 보입니다.

당일 공략법

시가가 높으므로 공매도한다

전날인 13일은 2,100엔에서 장시간 횡보했고, 장 마감 직전의 폭등은 펀드 해약에 따른 반대 매매라는 일시적인 수급 요인에서 비롯된 일시적인 현상이었습니다. 따라서 상식적으로 생각하면 2,100엔 부근까지 하락한 후 시가가 형성되어야 하지만, 실제로 반드시 그렇게 되는 것은 아닙니다. 공매도 포지션의 환매수가 나오거나, 재료 확인도 없이 그저 급격한 매도세를 보고 리바운드 매수에 나서는 사람들이 반드시 나타나기 때문입니다. 결국 시가는 하향 수정 발표 전의 횡보 구간이었던 2,245엔에 형성되고, 이후 매도세에 밀려 2,200엔을 크게 하회했습니다.

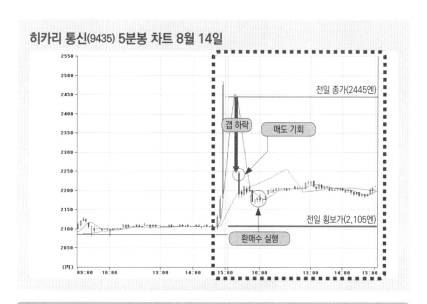

히카리 통신(9435) 5분봉 차트 8월 14일

🔑 실수로 인한 상승이라도 주가가 곧바로 되돌아오지 않을 수 있다.

최악의 악재로 인해 큰 폭의 하락이 예상되므로 공매도를 노린다

부동산주 인기에 힘입어 상승 중 대사건 발생(8월 18일 장 마감 기준)

7월 후반부터 90엔 선에서 횡보를 지속하다가 8월 3일에 90엔 저항선과 25일 이동평균선을 돌파한 후 곧 100엔대에 진입했습니다. 부동산주의 인기에 힘입어 완만한 상승세를 보이던 중, 9월 10일 갭 상승과 함께 더욱 강력한 양봉이 출현한 시점에서 사건이 발생합니다.

10일 장 마감 후 최악의 악재인 MSCB 발행이 발표되었습니다. 이번 MSCB의 전환 가격 하한선이 60.5엔으로 설정되어 있어, 앞으로 최악의 경우 이 가격대까지 하락할 수 있다는 점을 고려해야 합니다. 다음날 시가는 큰 폭의 갭 하락이 예상되므로, 공매도 진입을 노려볼 만한

하세코 코퍼레이션(1808) 일봉 차트 6월 8일~9월 29일

상황입니다.

시가부터 공매도 OK

주가는 큰 폭의 갭 하락과 함께 전일 대비 15엔 하락한 106엔으로 시작합니다. 이 시점에서 이미 전일 대비 -10%를 넘어선 상황으로, 일반적인 악재였다면 과도한 낙폭으로 인한 반등을 기대해볼 만하지만, 최악의 악재로 꼽히는 MSCB는 완전히 다른 차원의 문제입니다.

25일 이동평균선에서 잠시 저항이 이어지지만 10시경 힘을 잃고 붕괴, 100엔 선에서 잠시 버티다가 결국 더 큰 하락세를 기록했습니다. 오후장에서도 반등을 보이지 못하고 저가 93엔을 기록했으며, 종가는 전일 대비 27엔 하락한 94엔으로 마감했습니다.

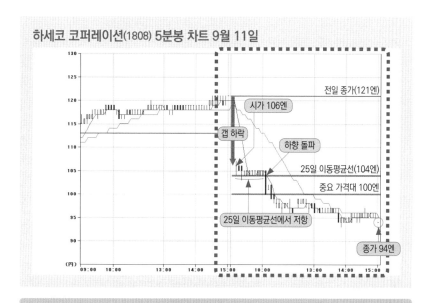

하세코 코퍼레이션(1808) 5분봉 차트 9월 11일

🔑 MSCB 발행 종목은 절대 '매수'해서는 안 된다.

첫 집필작이자 지독히 힘들었던 전작을 세상에 내놓으면서 저는 '다시는 책 같은 거 쓰지 않을 거야'라고 다짐했었습니다. 그로부터 3년이 흐른 시점에 아사 출판사로부터 새로운 집필 제안을 받았습니다.

중고등학교 시절, 저는 검도부였습니다. 연습할 때는 죽을 만큼 힘들었지만 그만두고 나면, 오히려 그 고된 시간이 그리워져 가끔 다시 몸을 움직이고 싶어지곤 했습니다. 대학에서 기계공학을 전공할 때도 마찬가지였습니다. 제도와 실험에 시달리긴 했지만, 그 고난 끝에 얻은 성취감은 정말 특별했습니다. 안타깝게도 검도나 제도 모두 제게는 재능이 없었습니다만(쓴웃음).

이번에도 그 집필 과정의 압박감과 완성 후의 성취감을 맛보고 싶어서 다시 한번 이 고행 같은 집필을 시작하게 되었습니다. 이 후기를 쓴 후에도 책이 출간되기까지 아직 해야 할 일이 많지만, 이 책이 서점에 진열될 즈음이면 저는 성취감에 흠뻑 젖어 있겠지요.

《세상에서 제일 쉬운 주가 차트 실전 노트 - 데이 트레이딩 편》어떠셨나요? 3년 전 전작에서 미처 다루지 못했거나 다룰 수 없었던 내용을 듬뿍 담아서 완성했습니다. "이런 책을 기다리고 있었다"라는 말을 들을 수 있다면 저자로서 더없이 기쁠 것 같습니다. 이 책을 통해 여러분과 인연을 맺게 된 것을 진심으로 감사드립니다.

전작을 읽어주신 독자님들께도 다시 한번 깊은 감사를 드립니다. 아직 읽어보지 못하신 분들은 대형 서점에 아직 재고가 남아 있으니 관심 있으시면 찾아보시기를 바랍니다. 전작은 이번 책과는 조금 다른 관점에서 집필했고, 이번에는 의도적으로 다루지 않은 내용도 많아서 읽어보시면 많은 참고가 될 만한 부분도 많을 것입니다.

이번 책에도 전작과 마찬가지로 제가 주식 거래를 통해 얻은 '깨달음'을 담았습니다. 이 책이 앞으로 여러분의 삶에 어떤 형태로든 도움이 되기를 바랍니다. 하고 싶은 말은 아직 많지만, 이것으로 후기를 마무리하겠습니다.
여기까지 읽어주셔서 진심으로 감사드립니다.

사가라 후미아키

세상에서 제일 쉬운
주가 차트 실전 노트
데이 트레이딩 편

제1판 1쇄 2025년 5월 1일

지은이 사가라 후미아키(相良文昭)
옮긴이 김진수
펴낸이 한성주
펴낸곳 ㈜두드림미디어
책임편집 최윤경, 배성분
디자인 김진나(nah1052@naver.com)

㈜두드림미디어
등 록 2015년 3월 25일(제2022-000009호)
주 소 서울시 강서구 공항대로 219, 620호, 621호
전 화 02)333-3577
팩 스 02)6455-3477
이메일 dodreamedia@naver.com(원고 투고 및 출판 관련 문의)
카 페 https://cafe.naver.com/dodreamedia

ISBN 979-11-94223-67-2 (03320)